粘度思维

如何提升员工和客户的忠诚度

[美] 桑迪·罗杰斯　莱纳·林内　肖恩·莫恩
Sandy Rogers　Leena Rinne　Shawn Moon

LEADING LOYALTY

Cracking The Code To Customer Devotion

中国青年出版社
CHINA YOUTH PRESS
中青文传媒

图书在版编目(CIP)数据

粘度思维：如何提升员工和客户的忠诚度 /
（美）桑迪·罗杰斯，（美）莱纳·林内，（美）肖恩·莫恩著；刘白玉，刘夏青译.
—北京：中国青年出版社，2019.5
书名原文：Leading Loyalty: Cracking the Code to Customer Devotion
ISBN 978-7-5153-5530-6
Ⅰ. ①粘… Ⅱ. ①桑… ②莱… ③肖… ④刘… ⑤刘…
Ⅲ. ①企业管理－人力资源管理②企业管理－营销管理 Ⅳ. ①F272.92②F274
中国版本图书馆CIP数据核字（2019）第048531号

Published by HarperCollins Leadership, an imprint of HarperCollins Focus LLC.

粘度思维：如何提升员工和客户的忠诚度

作　　者：〔美〕桑迪·罗杰斯　莱纳·林内　肖恩·莫恩
译　　者：刘白玉　刘夏青
责任编辑：胡莉萍　刘　吉
美术编辑：杜雨萃
出　　版：中国青年出版社
发　　行：北京中青文文化传媒有限公司
电　　话：010-65511270/65516873
公司网址：www.cyb.com.cn
购书网址：zqwts.tmall.com　www.diyijie.com
印　　刷：北京诚信伟业印刷有限公司
版　　次：2019年5月第1版
印　　次：2019年5月第1次印刷
开　　本：880×1230　1/32
字　　数：150千字
印　　张：8.25
京权图字：01-2018-9151
书　　号：ISBN 978-7-5153-5530-6
定　　价：39.80元

目 录

CONTENTS

序 言

PREFACE

在当今这个竞争激烈、高度互联的世界中，客户只需点击一下鼠标就可以从一家供应商切换到另一家供应商，或者仅仅因为一条在线评论就会重新考虑购买决定。

事实证明，对大多数企业来说，提升客户粘度是无章可循的。为了追求客户粘度，哪怕只是一点点的提高，企业会向客户提供更优惠的价格，制定各种激励措施，或者实施奖励办法，结果到头来却发现这些措施往往要么无疾而终，要么草草收场。这些措施可能会改变顾客的短期购买行为，却很难真正提升客户粘度，而且非常容易被竞争对手复制。

在过去的30年里，富兰克林柯维公司与世界各地成千上万个企业合作，帮助他们改变管理方式以提升客户粘度。富兰克林柯维公司还对一千七百多家企业进行了深度调研，并开展了数百次的配对对比。

基于此种前沿的、实时的视角，我们发现粘度思维主导的组织与表现欠佳的企业之间有三个关键的区别。

首先，粘度思维者在界定“忠诚客户”时对其赋予了更高的标准。肯塔基大学男子篮球队的著名教练阿道夫·鲁普曾经说过，“当你看到一个人在山顶上时，你可以肯定地说他没有从山上掉下来。”在以粘度思维为导向的企业中亦是如此。他们在一开始定义成功时就不会局限于客户满意层面，而是要求更高——赢得真正的高粘度客户。研究表明，虽然许多企业大肆宣传其“顾客满意度高达95%，并对此引以为豪”，但其实只有一小部分顾客对他们是极度满意的。

如果采用更为严谨的表达方式，应该是95%的客户没有表示不满意，这与之前的表述差别甚远，“不让顾客失望”和“让顾客满意并赢得高粘度客户”完全是两码事，高粘度顾客是指顾客对公司的产品和服务深深地且由衷地热爱和满意。他们一次又一次回购，扩大购买的产品数量或服务的范围，把你力荐给其他人，他们和你的关系能够经受住偶尔过失或沟通不当带来的考验。

这些忠诚的顾客能够给一家成功的企业带来最丰厚且最稳定的收益，他们构成了任何伟大组织赖以生存的战略基础。粘度思维主导的企业特别注重获得顾客的忠诚，这使得它们有别于那些把主要精力放在避免客户不满意的企业。

其次，粘度思维者认识到，当与客户建立起牢固的人际关系（无论是通过实时的、远程的还是数字的方式）时，客户粘度就会达到最

高。在我们的生活中，每个人都有极度忠诚的家人、朋友或组织，此种情感通常是那些具有粘度思维的人或组织自然、善良的待人方式所凝结而成的结晶。粘度思维者通常会对他人报以同情，为满足他人需求而承担责任，并对其宽容大度，慷慨大方。

最后，粘度思维者更善于采取最能取悦客户的行为。每个企业中都有一些表现出色的分支机构、大区、地区、部门、轮班或个人，他们不断地积累忠实的客户。即使在业绩不佳的公司中，也可以找到这些表现出色的发光点。反之，没有一个企业是完美的，好评、中评，甚至差评的服务在同一个企业中均可以找到。真正让粘度思维者区别于表现欠佳的同行们的，不是这个企业是否有多样性。粘度思维者在促成客户忠诚上所表现的行为，非常一致。这是因为他们已经对驱动粘度思维的原则和实践熟记于心，并且真正地将其贯彻在整个工作和管理过程中。

本书向你提供了一副蓝图，可以帮助你将以上三个层面的差异融入到企业文化中。这本书将会把你塑造成一位真正的粘度思维者——无论在你的团队中，企业中，还是个人生活中。有一点需要声明，为了实现这一愿景，产生高粘度客户的原则和行为必须在个人粘度思维层面得以实践。

你会发现这本书是为两类目标读者服务的：一类目标读者是与客户接触的人，这种接触可能在企业内部发生，也可能在企业外部发生。你可能在呼叫中心工作，也可能在一家商店或分店工作，当然也有可能供职于金融、营销、制造或IT部门等。无论你在哪里工作，你只要接触客户，你的行为就会对客户粘度产生影响。无论你的工作所属的行业是什么，从医疗保健到政府机构，从非营利组织到私营个体……你的粘度思维终将决定你成功与否。

这本书的第二类目标读者是领导者们。作为一名领导者，要想源源不断地培养高粘度客户，并使之形成一种文化，你需要首先了解必要的提升员工粘度的行为和实践活动，然后确保你的团队自愿地、系统地承担责任，并极为认真地实施。有鉴于此，此书会向你介绍11个卓有成效的团队“粘度思维碰头会”——有特定目的的简短会议介绍，并让你熟练掌握用来提升员工粘度的技能和工具。这11种碰头会是一种可复制的，且已经被反复证实过的方式，适用于你在个人生活与职业生涯中遇到的各类不同的人际群体。

通过阅读和应用本书中所讲述的粘度思维原则，你能够与接触的人产生高粘度关系，基于此，你就可以创建一个能够系统地培养高粘度员工和客户的企业。

PART ONE

第一部分

粘度思维

贝恩公司和盖洛普公司发现，从首席执行官到一线员工的等级架构中，层次越低，员工的敬业度和粘度就越低。然而，那些与客户打交道的人——也就是那些对客户体验影响最大的人——通常是薪水最低、最缺乏培训、参与管理最少的员工。

引言：从两家商店说起

在一个大都市的郊区，两家大型商店紧挨着坐落在一条主干道的同一侧，它们售卖的商品大致相似：杂货、衣服、书籍、电子产品、药品、玩具，甚至还有家具。两家店的规模也差不多，停车区域也相同——位置相同，占地面积相同，产品种类相同。但是，一家店生意兴隆，而另一家则在挣扎求生。

这到底是怎么回事？

当被问及为什么店里几乎空无一人时，2号店的经理给出了各种各样的答案："就是因为亚马逊，都是这些线上零售商搞的鬼，它们把我们这样的实体店赶出了市场。各处的商场都在关门大吉，招聘不到好的员工，'00后'们没有职业道德，高端客户对折扣要求太高，广告宣传做得不够……"

然而，就在隔壁，1号店生意兴隆。

那么，这两家店到底有什么区别呢？让我们走进这两家商店一探究竟。

2号店非常安静，一位收银员靠在柜台前，戴着耳机，看上去非常无聊。几位顾客正在挑选商品，眯着眼睛盯着小标价签看。这时我们看到一位想要退货的顾客走到一张标有“顾客服务”的大桌子前，她在那儿站了一会儿，挪动了一下身体，环顾四周，想知道是否有人会注意到她。她大声清了清嗓子，想引起注意，最后，实属无奈，这位女士喊道：“有人在吗？”

这时，有位看起来非常疲倦的人懒洋洋地从后面的房间里走了出来。“你需要什么？”他用一种异常沮丧的声音问道。

现在我们再来参观一下1号店，顾客们急迫而热切地涌入店内，当顾客进门时，迎宾员对他们示以微笑，时不时回答顾客提出的问题或指点方向。走进店内，你会发现这家店看起来就像一个大仓库，与之不同的是，这里所有的东西都用较大字体标识了价格。两家店的员工也有很大的差别，这家店所有的员工统一穿着蓝色背心，面带微笑，步履轻盈。这些热情洋溢的员工为客户跑腿，向客户提供建议，甚至还和他们开玩笑。我们注意到一位男士正在就是否购买打折的花束犹豫不决，一位穿着蓝制服的男员工停下来说：“我刚刚采购了一批新货，它们就在那边。”他把满脸欣喜的顾客带到了另一条购物通道。

向其他地方望去，有一些年纪稍大一些的男女员工正面带微笑地向人们免费发放熏火腿、西班牙奶酪或加了松露油的土豆泥。在客户服务台，一位顾客因退回商品而表达着歉意。坐在服务桌后面的员工看起来既机灵又活泼，他没有询问退货理由，也没有索要发票，只是向客户表达谢意，感谢她把商品退回来，并真诚地送上祝福，祝愿顾客天天快乐。

1号店是一家好市多商店，好市多公司被美国权威财经期刊《巴伦周刊》誉为“顾客和员工对其有着极高忠诚度，并且对长期投资者的利润回报也非常高”。在零售业，员工留职一年以上的概率约为45%，然而在好市多公司，这一比例高达94%。并且，每年有91%的好市多顾客续签会员资格，这使得好市多成为了“世界顾客保留率记录保持者”。

我们的一个客户提到他和他的妻子每周六都会光顾好市多。

“为什么？”我们问道。

“因为在那里我们可以见到我所有的朋友们。”好市多已然成了他和邻居们聚会的地方，这就是一幅典型的展示客户粘度的画面。

在一个以员工不满而名声在外的零售行业中，好市多是如何做到让员工保持忠诚和快乐的呢？它又是如何创造一种似乎贯穿了几乎所有员工和客户互动中的忠诚文化的？答案很简单：好市多之所以拥有极高的忠诚度，是因为它接受了“粘度思维”，并将其三大核心原则付诸实践。

例如，当好市多决定向其员工支付高于普通零售商两倍的工资并提供其他福利时，就明确表明了它对员工的同理心、责任心和慷慨。

当华尔街担心好市多对员工“过于慷慨”的待遇可能会降低股东回报时，该公司创始人吉姆·西内格尔（Jim Sinegal）回应道：“我们想……关心我们的客户，爱护我们的员工，尊重我们的供应商。我们认为如果我们能够照这样做下去，我们的股东们将会得到回报。”他们确实做到了。如果你在1985年好市多上市时投资1000美元，到2018年这笔投资将价值10万美元左右。

在网购爆发式增长的背景下，好市多是如何保持每年40%的高增长率的呢？为什么承受着与2号店同样压力的好市多公司业绩却能蒸蒸日上呢？这是因为好市多有意识地建立起了一个全面的系统，在员工和顾客中培养了极高的粘度。类似的事情也发生在数百家其他粘度思维赢家的机构——零售商、餐馆、房地产经纪人、汽车租赁公司、商业服务提供商、学校、医院——如果这些机构倒闭，他们的客户和员工都会感到情绪崩溃。粘度思维的三个核心原则在任何地方都是适用的，它们存在于每一家赢得最忠诚的客户和最敬业的员工的组织中。

作者与著名的营销大师赛斯·高汀（Seth Godin）对两种客户粘度进行了有益的区分：第一种客户粘度是对便利的考量，“我会关注其他商家，当然，我不会更换商家。更换商家有风险，并且还耗费时间。更换商家意味着我可能会犯错误或失去我的飞行常客计划里程，或者不得不努力维系新的决定。”便利忠诚只是习惯使然：我们每天都乘坐同一辆公交车，但是可能讨厌这家公交车公司。借用一位与我们共事的高管喜欢说的话来说，那就是：“惰性没有粘度！”

高汀对第二种客户粘度进行了如下描述——也就是我们所说的忠诚——“我不会关注其他商家，我甚至对浏览其他商家提不起兴趣。”这就是高粘度客户，他们都不会在意其他地方是否能提供性价比更高的商品或服务，这种粘度是基于情感上的承诺而不是依赖于惰性。这不正是我们对自己最喜欢的品牌或企业情感的真实描述吗？折扣和奖励计划非常容易实施，虽然也能带来回头客，但它们本身不会产生那种强烈的忠诚情感，而这种情感契合是粘度思维的一个重要目标。

假设你正在一家餐厅里吃饭，在汤里发现了一根头发，你接下来的反应在很大程度上取决于你对这家餐厅的粘度，对吧？

如果你之前从未去过那里，或者你只是为了方便而去光顾的，你可能会抱怨并要求更换一碗新的汤，或者直接起身离开。

如果你在那家餐厅有过不愉快的经历，你可能会感到非常愤怒。“这真恶心！我再也不会到这里吃东西了，并且我要让所有的人都知道。”你甚至会给这道带有发丝的汤拍张照片，在社交媒体上发布，尽可能地让你认识的每个人都能看到它。

但是，假设你是这家餐厅的常客，他们非常清楚你的喜好，并且经常会用意想不到的方式来取悦你，你告诉过很多人这是一个非常棒的地方。你把你的家人和朋友都带来这里吃饭，这家餐厅从来没有让你失望过。现在你在汤里发现了一根头发，你对此做何反应呢？你可能会和颜悦色地跟服务员讲述这件事情，服务员会向你道歉，并给你重新端来一碗汤。你可能会对自己说这只是一个罕见的错误，然后耸耸肩就不会再理会这件事情了。这是因为你喜欢这个地方，毕竟，每个人都会偶尔犯错。

那么，在以上这些情况下，是什么驱动着你做出不同的反应呢？在第一种情况下，是冷漠；在第二种情况下，是怀疑和厌恶；在第三种情况下，是忠诚。

强烈的情感通常来自我们与人的互动。当我们与人们互动的时候，我们就能感受到这种情感。他们欢迎我们，对我们微笑，和我们和蔼、恭敬地说话。他们不辞劳苦地给予我们问候，给我们提供方便。他们如此友善，如此乐于助人，以致我们禁不住想："这些人是谁？""到哪里去找这样的人？"

为什么我们爱他们？因为他们爱我们！

当他们不爱我们的时候，我们也同样能感觉到——例如当他们冷漠时。他们至多硬挤给我们一个微笑，附送上一句"祝你今天过得愉快"，或者在最坏的情况下，他们会忽视我们，搞砸我们的订单，用规定来搪塞我们，或者找各种借口不向我们提供服务。最让人恼火的是，他们为我们糟糕的经历推卸责任。

美国运通在实验室条件下对1620名顾客开展了一项调查，63%的人反映："当他们想到所接受的是优质的顾客服务时，他们的心跳就会加速。"这些想法"引发的大脑反应和感到被爱时的反应是一样的。不就是一个外卖吗？其实关于客户服务，关键不在于客户的想法是什么，优质的服务是涉及情感的”。

作为顾客，我们是如此渴望这种被爱的感觉，当我们在求助热线上听到一个真诚、关爱的声音，或在服务台对面看到一张和善的面孔时，我们会感到惊讶，甚至有些震惊，心跳加速，脉搏变快，我们被温暖包围着。我们已经习惯了冷漠的面孔和没有人情味的、口若悬河的声音，因此我们真的会被这些截然不同的声音深深触动。

在开展由甲骨文（Oracle）公司委托的一项研究中，当被问及是什么样的难忘经历才能让消费者坚守一个品牌的问题时，73%的受访者回答说：“友好的员工或客服代表。”当我们反思自己的客服体验时，当我们特别开心或极度沮丧时，我们往往会想到那些参与互动的人。当然，产品和服务、政策和程序、计算机系统、账单和价格架构，所有这些也会让我们感到愤怒或高兴，但影响我们对商家感觉的往往是人。这本书强调的重点是我们与他人接触时产生的强烈的积极情绪，这是粘度思维的基础。

你的行为是否赢得顾客的爱？

你的团队成员的行为怎么样？

贝恩研究员、贝恩公司忠诚实践创始人弗雷德·赖克霍德（Fred Reichheld）为粘度思维及其对业绩的强大影响提出了强有力的例证。我们对这一主题的研究来自对驱动粘度思维的特定的基本原则的研究，使读者能够破解客户的忠诚代码，这些原则既永恒又普遍。

在本书中，我们将概述粘度思维（第一部分）是如何通过三个核心原则（第二部分、第三部分和第四部分）协同互动来体现的，这种互动将为你、你的同事和客户之间点燃爱的火花。但要充分理解这三条核心原则，你必须采取粘度思维模式，自始至终为这些原则创建蓬勃发展的环境。

第1章　粘度思维

仅仅让你的客户喜欢你是远远不够的——得让他们爱上你。

——凯瑟琳·纳尔逊

我们选择的范例能够极大影响我们对周围世界的看法以及对其做出的反应，粘度思维可以表述为：

我们通过与他人产生同理心，对他们的需求负责，并对他们慷慨大方来获得他们的极度忠诚。

我们对以下问题的答案的理解能够深深地影响我们对粘度思维的解读：

- 你认为粘度思维对成功至关重要吗？

- 你认为谁要对提升粘度思维负主要责任？
- 如何从客户和同事那里提升粘度思维？

■ 赢得客户的爱

我们曾开展过一项重要的研究，解决的主要问题是：为什么看似相似的零售商店会产生如此不同的结果？

我们从1100家连锁店的多达5000个工作团队的30多万名员工中收集数据，我们考虑了每家商店的竞争环境，我们将这些信息与客户和员工粘度数据以及财务数据相结合，试图找到这些商店中“最佳表现商户”。

我们从中发现了什么呢？当然，我们找到了表现最佳的商户，只是数量不多。这就像在漆黑的夜晚眺望露营地那样，四处一片漆黑，但时不时会有露营地闪烁出光芒。我们调查的结果就是这样，我们确实看到了一些亮光——在收入、盈利能力、客户和员工粘度等方面都有较为突出的表现——但它们的数量非常少。我们暂且把这些商店称为“篝火商店”，这些商店有着一般商店所不具备的亮光。

并且，我们还发现了另外一件事：**这些“篝火商店”的顾客粘度非常高。**

拥有高顾客粘度的商店——无论在总体上还是与他们最强大的竞争对手相比——都能得到丰厚的回报。事实上，如果一个连锁店的普通商户把他们的忠诚度向那些“篝火商店”靠拢四分之一，它们的总体盈利水平将上升20%至30%。

那么，这些“篝火商店”是偶然现象吗？它们的火光是因闪电意外击中的结果吗？不，当然不是。我们发现，表现最佳的“篝火商店”有着更高的客户粘度，因为它们有意专注于提升客户粘度——不是偶然发生的，而是明智选择的结果。但是，你可以确信这些商户在最初就清楚地知道一个好的客户体验是什么样子吗？

具有讽刺意义的是，贝恩公司（一家全球领先的战略咨询公司，总部设在美国马萨诸塞州波士顿）对362名高管进行的一次调查显示，85%的高管认为他们的公司提供了“卓越的客户体验”。真正令人大跌眼镜的是什么？只有8%的顾客同意此论断。

是因为企业高管的认知与实际情况脱钩吗？可能有这方面的原因，但也可能是因为他们对于“卓越的客户体验”的定义与客户的定义是不同的。高管们关注的可能是满意度指标，这些指标带来的是“减少不满意率”，而非提升客户粘度。

当然，所有优秀的经理人都是以满足客户的需求为目标的，并且很多人在这方面表现得非常优秀。但与此同时，他们经常做出错误的假设——他们认为，如果顾客没有表现出不满意，那么他们一定得到了“卓越的客户体验”，进而他们一定是快乐、忠诚的粉丝。我们可以举一个类似的实例，你的孩子没有得到D和F，并不意味着他或她是一名优秀学生。同样，不让顾客失望和赢得他们的爱之间有着非常大的区别。

例如，一家酒店公司总是称他们得到了“94%的客户满意度”，但当他们开始衡量真正的客户粘度时，他们发现94%的客户满意实际上意味着“94%的客户没有不满意”。结果只有18%的顾客是真正的高粘度客户，这家连锁酒店一直声称自己在客户服务方面做得非常成功，但是它的一些有意培养顾客粘度的竞争对手酒店却正在吞噬其市场份额。

即使你的老客户也不一定是粘度客户，根据哈佛大学一项为期四年、涉及1.6万人的研究，老顾客和盈利能力之间的关系并没有像我们大多数人认为的那么强，“这些客户中有半数是两年以上的老客户，虽然被标记为‘粘度客户’，但并不能够带来利润。”

然而，高粘度客户却可以带来不可思议的高利润，“那些在实际行动和态度上都表现得高粘度的顾客所创造的利润是那些仅通过交易数量观察得到的忠诚顾客的120%。”这不仅对B2C（商家对消费者）适用，在B2B（商家对商家）的场景下也同样适用。

当高粘度客户谈论到你的时候，他们会表现得兴奋不已。他们不仅是你的顾客——他们是倡导者、信仰者、积极分子、活动家、赞助者、朋友和粉丝。我们的一位同事告诉我们：“当好市多宣布要在我们镇上开一家分店时，我简直高兴得要哭了。”这就是我们所说的高粘度。当这些人和朋友、亲人一起外出就餐时，他们会兴奋地讲述自己在所喜欢的饭店中所经历的事情。

贝恩公司的弗雷德·赖克霍德（Fred Reichheld）说：“高粘度客

户会越来越频繁光顾，购买更多商品，向朋友推荐，提供有价值的反馈，他们的服务成本更低，对价格的敏感性更低。”试想一下，如果你的客户中有越来越多的人以此种方式行事，这对你的工作和组织将会带来什么样的影响。但是，粘度思维对盈利究竟有多么重要呢？赖克霍德称这些粘度客户为“推广者”——他们不仅从你那里购买大量商品，而且还热情地向其他客户推销你的商品。相对而言，他称那些习惯性购买的顾客为“被动者”，而最没有粘度的顾客则为“诋毁者”。经过细致的研究，赖克霍德发现，推广者可以使你的利润值增加四倍之多。所以，如果我们讨论收益问题，那么，粘度思维真的非常重要。要想提升客户粘度，首先要采取粘度思维方式，然后要践行三大核心粘度原则。

■ 粘度思维自测表

粘度思维是谁的责任？首席执行官吗？当然，他或她扮演着重要的角色。拥有Enterprise、National和Alamo三大汽车租赁品牌的公司副董事长唐·罗斯（Don Ross）表示：

首席执行官应该以身作则，营造粘度思维的环境，并向所有与客户打交道的员工及领导者们传递信任。

那些向与客户打交道的人传递的爱是可以传递给客户的，向他们许下高粘度承诺在Enterprise Rent-A-Car（北美最大的汽车租赁品牌）卓有成效。对客户的爱不仅通过个体互动来表达，还通过政策、流程和技术等方式来表达，从而使客户更容易与组织进行业务往来。首席执行官需要开拓一片沃土，滋养向客户传递爱的活动并呵护所得的果实。

然而，首席执行官并不是我们所指的粘度思维的主要驱动因素，真正的驱动因素是我们大家——每天在公司内外为客户提供服务的人。公司执行委员会的一项重要研究得出如下的结论：

> 将军们在公司总部制订的辉煌作战计划的成败，取决于数百名甚至数千名士兵的行动。

贝恩公司和盖洛普公司（一家全球知名的民意测验和商业调查咨询公司）发现，从首席执行官到一线员工的等级架构中，层次越低，员工的敬业度和粘度就越低。然而，那些与客户打交道的人——也就是那些对客户体验影响最大的人——**通常是薪水最低、最缺乏培训、参与管理最少的员工。**

在一些组织中，这些员工的年流动率超过150%。毋庸置疑，一名随时准备跳槽的员工在很大程度上就不会专注于建立长期的客户关系，正如我们的朋友谢普·海肯（Shep Hyken）经常说的那样，“客户体验极少情况下会超过员工体验”。

弗雷德·赖克霍德多年的研究表明，拥有大量粘度客户的公司应归功于他们的高粘度员工。像高粘度客户一样，高粘度员工爱你、鼓励你，并把你推荐给他们的朋友，他们与你同在，充满热情和激情地向你的客户提供服务，他们是迄今为止提升客户粘度的最重要的因素。许多专家建议："贵公司营销战略的一个重点应该是发展品牌大使，并确保他们参与社会化沟通……"在大多数情况下，当提及品牌大使时，你可能会想到一位具有巨大影响力或拥有较高知名度的人，比如一位名人，他们为推广一个品牌付出了努力。虽然诸如此类的影响者营销仍然比较受欢迎，但品牌大使也可以是顾客，同样重要的是，也可以是员工。虽然影响你的盈亏收益的变量复杂繁多，但是毫无疑问，与客户打交道的员工在其中扮演着至关重要的角色。

我们发现，在没有高粘度员工的地方很少能找到高粘度客户，而员工为客户服务的行为往往是决定客户是否会有粘度的决定性因素。我们所研究的连锁餐厅的顾客们不止一次反复提到那些乐于助人、表现友好的员工，他们还提到了一线员工负责的事情——清洁、不拖延、货架上的物品摆放。

然而，对工作"满意"和拥有粘度思维是有区别的。我们询问了数千家商店的员工，收集了他们对工作的满意度情况，并将结果与他们的客户粘度进行关联匹配。令我们惊讶的是，我们最初的研究发现两者之间的关联很少。事实上，一些员工工作满意度高的商店在处理顾客粘度问题时也会不知所措。

然后，我们的合作伙伴迪克·伦尼坎普（Dick Rennecamp）建议我们在下一次员工调查中增加一个问题，以了解每家店的员工是否知道他们的顾客粘度得分。迪克做出的假设是，如果员工不知道他们的客户粘度得分，他们可能就不会非常努力地提高它。正如大家在城市公园的篮球场上能看到的场景那样，人们在计分的情况下会表现得更加努力。

迪克的理论被证明是正确的，在3500个商家团队中，41%的团队知道他们的顾客粘度得分，这些团队的顾客粘度与商店的员工粘度之间存在正相关关系。但在不知道顾客粘度得分的59%的团队中，顾客粘度与员工粘度之间没有相关关系。我们得到这样的结论：员工不仅要热爱自己的工作，还要努力让顾客满意。员工喜爱他们的工作，可能是因为他们喜欢那里的福利待遇，可能是因为在那里可以整日与朋友聊天，但这些对客户体验来说并不是个好兆头。

那么，谁来负责激励员工为客户服务呢？你可能会脱口而出："当然是经理了。"毫无疑问，团队领导是建立团队文化和激励每一位团队成员尽最大努力为客户服务的关键因素——他们起到了杠杆作用。但是如果你没有一个鼓舞人心的团队领导怎么办？你能在团队提升客户粘度方面做出真正的改观吗？答案是肯定的。这不仅体现在你与客户的互动中，还体现在你与团队成员的互动中。

"领导力是一种选择，而不是一种职位。"这是斯蒂芬·柯维（Stephen R. Covey）喜欢说的一句话。公司可以授予你一个头衔，但这并不能让你成为一位领导者，正如我们的一位客户曾经说过的那样：“你是什么样的领导并不是你说了算，而是由他人说了算。”

任何人都可以采用粘度思维，你甚至不需要一个正式的头衔。你可以是公司最富有经验的主管，也可以是昨天刚被录用的收银员，这都没有关系，一位粘度思维者通过遵循认可他人的价值以及无限潜力的原则来赢得他人的爱。在理发店里，如果一个助理理发师在与顾客打交道时诚实、负责任、慷慨大方，那么他就采用了粘度思维者思维。同样地，如果一位首席执行官能做到换位思考，并能处理好客户关系，那么她就能成为一个粘度思维者。在他的儿子比尔（Bill）成为万豪集团（Marriott）的首席执行官后，创始人兼董事长威拉德·万豪（J. Willard Marriott）花了大量时间亲自服务那些在万豪酒店体验不佳的客户，他就是一位不折不扣的粘度思维者。

但是在所有情况下，领导者都必须选择采用这种思维方式。事实上，有太多正式任命的领导者的运作模式是消极的甚至是有害的。你可能听说过如下的说法：“人们不会离开公司，但他们已经对他们的主管不再抱有希望。”这项研究证实了这一点。根据盖洛普公司的调查：“主管在各业务部门员工敬业度得分的差异因素中占了至少70%的比例，而这种变化反过来会导致全球范围内员工敬业度的严重下降。”

如果你是一位主管，你在粘度思维方面做得怎么样呢？我们采用0到10分制（10表示“极有可能”）来表示，你的员工有多大可能会力挺你？使用同样的量表，你的客户会在多大程度上力挺你？会有超过60%的人给你打9分或10分吗？会有超过80%的人给你打9分或10分吗？

最终，你的财务业绩和绩效将取决于如下这个问题的答案：你是一个能从员工和客户那里赢得粘度的领导者吗？

要想改变员工的行为、敬业度和粘度，粘度思维以及由此产生的行为需要做出改变。许多经理从技术娴熟角度来讲能够担此重任，但是他们可能还没有学会如何去塑造、教导和强化那些赢得他人忠诚所需要的行为。员工粘度的建立需要我们真诚地关心员工的所思所想，真正了解他们的目标，然后帮助员工实现他们的目标，员工粘度还来自对员工付出的由衷赞赏。

正如粘度是来自内心深处的感受一样，激发粘度思维的力量也发自内心深处，**这归根结底是一个你选择成为什么样的人的问题。**

你会发现要想赢得每一位客户和同事的心应该从你自身做起。在富兰克林·柯维，我们告诉大家："只要你认为问题都是由外在因素导致的，那么这个想法本身就是有问题的。"我们常常把问题的根源归结于团队成员、采用的战略、上司或者是天气，但是这些问题的源头恰恰出在我们自己身上。还记得好市多超市旁边的那家有着空停车场的商店吗？这正是那些店员所述的：问题都是出在别人身上，并不是出在自己身上。

为了获得粘度要求别人去改变，这种破坏性的模式是自我毁灭的，然而一旦你转换一种思维方式，即粘度思维需要你自己首先做出改变——好的，这才是正确的。一切都掌控在你的手中，你接受了一项令人兴奋的挑战，你想成为一位能激发人际粘度的人。不管你有什么样的领导，不管公司的招聘人员给你安排了什么样的职业，你都有能力组建一个忠诚的员工团队。

你可能属于那些天生就能激励其他人忠诚的领导者中的一员，这样的领导者仅占十分之一，但是我们大多数人都做不到这一点。这并不意味着我们是坏人——这只是意味着我们没有把注意力集中在激励忠诚方面。我们可能在运营方面非常有天赋，我们可能在战略性、组织性、纪律性以及工作效率方面非常突出，但是如果我们不遵循那些能在别人心中激起粘度思维原则，我们就无法让我们的顾客和员工充实快乐，同样也不能让我们自己的生活充实快乐。

以下10个问题可以帮助你衡量自己粘度思维的表现：

粘度思维自测表					
从1到5给自己打分。5表示“此种情况完全符合我”。1表示“此种情况完全不符合我”。没有人会看到你的答案，所以请对自己诚实点。					
1. 我对别人的感受很敏感。	1	2	3	4	5
2. 我能较快且轻松地与他人建立联系。	1	2	3	4	5
3. 我是一个很好的倾听者，对别人所说的事情非常感兴趣。	1	2	3	4	5

（续表）

粘度思维自测表					
4. 我以非常认真的态度对待我要承担的责任，并尽我最大的努力去履行。	1	2	3	4	5
5. 我努力解决问题，而不逃避或放弃。	1	2	3	4	5
6. 我努力与客户和同事建立联系。	1	2	3	4	5
7. 我对别人非常慷慨，慷慨地花费时间和发挥才能来帮助他们。	1	2	3	4	5
8. 我乐于助人，能够开诚布公地与他人分享我的所思所想。	1	2	3	4	5
9. 我经常做一些额外的事，让别人知道我关心他们。	1	2	3	4	5
10. 我接纳与我的团队合作的任何人。	1	2	3	4	5
总分					

粘度思维自测答案	
当你完成以上题目后，把你的分数加起来，看看你的分数分布在下面哪个得分段。	
40～50	你在建立人际粘度方面做得很好，但你还能做得更好。
30～39	你可能对部分人人际粘度的培育方面做得非常好，而在另外一些人身上就表现欠佳了。
20～29	你跟许多人做生意，却对他们不关心。
10～19	你可能正在以不利于公司发展的速度失去客户和员工。

■ 粘度思维的三个核心原则

这是一个原则统治的世界，例如，不管我们喜欢与否，重力定律就是我们摆脱不了的一个原则。即使我们选择不相信它，当我们从高楼上跳下来时，我们仍然会摔倒。同样，原则适用于每个人，不管我们的背景、生活经历或信仰如何。原则也同样支配着人与人的关系，如果我们忽视或违背这些原则，我们就注定失败。在任何关系中展现粘度思维的三个核心原则是：

- 同理心
- 责任心
- 慷慨

塑 造 · 传 授 · 强 化

粘度思维是遵循原则自然而然产生的行为结果，有原则的行为比奖励积分或晋升更能有效地唤醒忠诚。我们的研究发现，客户和员工对那些能与他们产生同理心，对他们的工作负责，并表现得慷慨大方的组织和人非常忠诚。这些不仅仅是技术层面的东西——它们是你的组织中任何人都可以学习和采纳的行为。在接下来的章节中，我们将深入探讨三个核心粘度思维原则及其具体实践。在此，我们先做一个简单的预览：

粘度思维原则1：同理心

当我们对顾客和同事感同身受时，我们就能赢得他们的忠诚——我们不仅要听他们在说什么，还要能体会到他们的感受。我们不再漠不关心，我们对他们产生同理心。为了表达同理心，我们需要做以下两件事情：

建立真诚的人际关系。当我们以一种温暖的、人性的、积极的方式与人交往时，我们就能获得忠诚，真实可靠的人际关系可以将一群存在隔阂的员工凝聚成一个真正以客户为中心的团队。

倾听背后的故事。倾听理解是产生同理心的关键。当我们能够倾听彼此的需求、担忧和故事时，我们从客户和同事那里收获了忠诚。当我们了解别人的故事后，我们对待他们的方式就会有所不同。在我们获知其他人的故事时，应做到秘而不宣，一直等到他们敞开心扉来和我们分享。

粘度思维原则2：责任心

当我们对应该做的事情勇于承担责任时，我们就能赢得忠诚。我们不只是满足人们的要求，相反，我们为客户和同事实现目标和达到结果负责。我们积极地教导大家如何承担责任，为了承担责任，我们需要做以下两件事：

发现真正要做的工作。人们提出的要求可能并不是他们真正需要的。例如，到访五金店的一位顾客想要购买一把扳手，除非我们弄清楚他们想要扳手做什么工作，否则我们不知道他们需要什么样的扳手，或者他们是否需要扳手。为了负责任地为客户或同事服务，我们需要向他们询问一些体贴入微的问题，这样我们才能知道他们真正需要我们提供什么样的服务。

跟进以强化关系。我们通过跟进的方式来强化关系，这表明我们关心客户或同事的体验，并希望从中获得经验教训以提升服务。发现问题所在是表明我们致力于完成某项事情并使之超出预期的决心的一个特别合适的时机。

粘度思维原则3：慷慨

当我们对别人慷慨大方时，我们就能够获得忠诚。通过发自内心的付出，并且给予的比顾客和同事需要或期望的更多，我们就把他们变成了拥护者，我们会想尽各种办法让他人的生活更轻松、更美好，并且乐此不疲。要想做到对别人慷慨，我们需要做以下两件事情：

分享见解。我们与他人分享意见和信息来帮助他们学习和提高，被真诚的慷慨精神激励所得到的反馈是一种礼物。通过分享我们的知识，帮助客户解决问题，可以使他们产生强烈的忠诚度。

意外惊喜。我们要不断地尝试新颖的、富有创造力的方式来表达我们对他们的关心。我们提供“额外服务”的成本是微乎其微的——发送个性化的信息，记住他们的名字，尝试新的惊喜，诸如此类的简单的事情就可以使我们收获客户和同事的喜爱。如果你对同理心、责任心和慷慨是粘度思维的基本原则还心存怀疑的话，那么你可以想象一下相反的情况。想象这样一幅场景，以冷漠、不负责任和自私的态度对待每个人。如果这样做了——事实上，一直以来都是这么做的——我们是无法赢得忠诚的。事实上，这样一来，客户和员工都会选择离开。如果我们有意识地遵循这些粘度思维原则，自然就会获得忠诚，忠诚的客户和同事自然会被我们吸引。

■ 如何落实粘度思维

无论我们是否真正担任领导，当我们采用粘度思维，并塑造、传授、强化三大核心粘度思维原则，我们就成为粘度思维者。如果我们担任的工作需要跟客户打交道，我们就可以完成一些简单的事情，如每天让10个客户变成高粘度客户，这样我们在一周之内就创造了70个新的推广者。如果我们管理10名员工，他们通过完成一些简单的事情，每天将10名客户变成高粘度客户，那么我们每天都会创造100名新的拥护者。每天拥有新的拥护者，为成为粘度思维者奠定了基础。

我们与全球数千家机构合作过，我们清楚地知道：提长客户和员工粘度是取得长期成功的绝对必要条件。也许你会惊讶地发现，在努力赢得人际粘度的同时，也能让你成为一个更快乐、更满足的人。我们倡导你在自己的生活中遵循同理心、责任心和慷慨原则，并带领你的团队一起前进。不管你是谁——首席执行官、部门经理、团队领导或任何与客户打交道的人——你都是要为他人服务的，你需要他们的忠诚。无论你去哪里，服务于谁，这都是适用的——不妨想象一下如果你在家里践行这些原则，将会发生什么样的变化，粘度思维原则是具有普适性的。

塑造、传授、强化并遵循粘度思维

如何将这些原则在团队中贯彻下去呢？

赢得人际粘度远比教授服务技巧的课程重要得多，这远不只是给每个人发一本傻瓜客户服务手册，然后命令团队成员面带微笑地重复："祝您今天愉快。"你需要接受的挑战是塑造、传授、强化并遵循粘度思维。

塑造。你可能会对自己说："我已经具有同理心了，并且我富有责任心，我也很慷慨。"或许你觉得有义务在自我培养这些行为。因此，你可以成为团队成员的榜样，他们会从中收获颇多。当然，我们在遵循原则方面做得都不够好，并且我们中很少有人有意识地把注意力集中在这些原则上，把它们当作我们生活的根本，所以你的第一个挑战就是行动起来——成为一个更有同理心、更负责任、更慷慨的人。我们大多数人做得远远不够，但我们不能气馁，我们可以做得更好。我们可以更好地倾听，我们可以让别人觉得更具价值。当我们这样做的时候，我们就成了榜样，即塑造粘度思维的榜样。

传授。我们中的大多数人都是团队的一员，所以第二个挑战是建立一个能够遵循粘度思维原则的团队。如果你是团队中的一分子，你可以遵循这些原则，以身作则。你可能会说“我做不了老师”，不，你是可以胜任的。你不担此角色似乎都已不可能：你作为榜样，整日影响着别人的行为。如果你是一名经理，那么不管你喜欢与否，实际上你已经承担起了粘度思维者的角色。此外，成为一名好的粘度思维者也有诸多益处。首先，你是领导者：在你传授这些原则时，你的团队成员会认真聆听，因为他们知道如果你重视这些原则，他们也需要这样做。如此一来，最大的益处是：当你传授一个原则时，你掌握了这个原则，你内化了它的精髓，这样你学到的也最多。这样一来，这些原则便内化成了你的一部分。

强化。第三个挑战是始终坚持粘度思维原则。当你称赞一个团队成员表现出的责任心时，这就是一种强化。当你注意到团队成员同理心不强时，你把他们拉到一边，温和地提醒他们这一原则，也是一种强化。当你看到一个慷慨的举动，你和团队一起庆祝，说“这就是我们想要看到的”，也是一种强化。以下是一些强化粘度思维的技巧，这些技巧可以应用到本书的每一章节中。

- 经常且定期举办粘度思维碰头会（我们将在下一节中描述）。
- 表彰那些对落实粘度思维做出贡献的团队成员，试着当场表扬他们，这样会鼓励其他人也这样做，进而形成一种文化。在这种文化中，贯彻粘度思维会不断得到赞赏。
- 明确客户和员工粘度的衡量标准。当你的团队成员分享他们的见解并采取行动时，他们是否取得了进步？当你赞赏团队成员遵循粘度思维原则时，他们是否取得了进步？
- 私下指导员工强化客户和同事粘度。

遵循。如果招聘员工属于你的职责范畴，粘度思维原则应该是你招募员工的主要标准。前进保险公司（美国一家大型保险公司）将其理赔协调员的招聘简章从“警察/调查员”改为“保姆”。商业研究员兼作家吉姆·柯林斯说，在招募新员工时最重要的一点是“要与你的核心意识形态和价值观保持一致”。从你的角度来讲，这意味着你要雇用有同理心、有责任心、慷慨大方的人。如果他们是遵循这些原则的，那么你在最初就已经领先一步了。在面试候选人的时候，让他们从过去的经历中举出能够说明他们遵循每个原则的实例。例如，“请告诉我你向客户表现出同理心的一次经历，以及它对你的影响。请告诉我你为客户的问题承担了个人责任，并赢得了客户的一次经历。”

即使招聘不属于你的职责范畴，也要时刻记住，你仍然可以掌握粘度思维的最重要因素：你自己的行为以及你为团队树立的榜样。

■ 粘度思维碰头会

如果愿意的话，你可以通过举行简短的、有针对性的会议——如碰头会——将粘度思维原则付诸实践，向你的团队传授和重申粘度思维原则。你可能会问“需要举办很多次会议吗”？完全正确。每周，甚至每天都开展一次简短的粘度思维碰头会，以提升客户粘度，这是间接提升客户粘度的关键。

拉丁美洲的一家银行眼睁睁地看着约有五分之一的顾客流失掉，利润也在直线下降。在接下来两年多的时间里，该银行致力于提升客户粘度，它的盈利能力提高了两位数，客户流失率下降了20%。这家银行是如何做到的呢？通过收集与客户打交道的员工的想法来改善客户体验。

目前，在该银行内部以及其分支机构中，有数百个团队每天举行粘度思维碰头会。在这些时长十几分钟的碰头会中，他们讨论的是结果和关键绩效指标，其中许多指标是与客户体验息息相关的。他们还会提出不成熟的改进想法，并分享客户体验故事，这推动了以客户服务为中心的文化建设。显然，每天持续不断地提升粘度思维对这家银行来说意义重大。

粘度思维碰头会正在我们的客户和许多其他企业中盛行开来。

■ 在碰头会中做什么

1. 赞扬。

2. 学习。

3. 承诺。

4. 安排后续会议。

赞扬

首先，要承认在提升粘度思维方面取得的成功，并应用或践行在最近碰头会中讨论的原则。最重要的是，要表扬那些创造了客户推广者的个体。

为什么要赞扬

多项研究表明，对员工努力的认可比给予其他奖励——包括金钱——能够让员工更加投入。一项大型调查显示，薪水实际上仅仅排在所有激励因素的第八位！盖洛普建议，任何一个人都应该在七天内得到认可，这种认可应该是全方位的，且应该采用被认可对象喜欢的方式开展，这种认可应该是“及时的，以确保员工知道最近取得成就的意义”。不吝啬对于成功的赞赏，你将会看到更多的成功。客户服务专家迈卡·所罗门（Micah Solomon）建议：

需要改善的并不总是被衡量的对象，也应该包括被赞扬的对象。

最伟大的公司之所以伟大，在一定程度上是因为它们在员工为客户付出额外努力的同时，也在他们的日程安排中增加了对员工的赞赏。

学习

粘度思维碰头会的下一个议程是学习一项能够提升人际粘度的原则或实践活动。安排一名团队成员提前阅读这本书中的其中一章内容，然后带领小组讨论。大家都知道老师学得要比学生多，所以如果每个人都轮流担当讨论会的带领者，那么你就能确信他们已经内化了粘度思维原则。正如管理学家彼得·德鲁克（Peter Druker）所说的那样：

> 服务型的人在传授他人知识时收获最大，提高优秀销售人员工作效率的最好方法就是让他们在销售会议上展示“我成功的秘诀”。对于外科医生来说，提高他或她的表现的最好的方法是在医学协会做一个展示。对护士来说，提高工作表现的最好方法就是向她的同事传授经验。

在碰头会中，邀请团队成员分享他们通过观察或者跟踪客户所获得的任何见解。“我们学到了什么？哪些做法受到消费者欢迎？我们应该做哪些改进？”当团队成员庆祝他们的胜利时，一定要给出有助于提高整个团队绩效的见解。

承诺

碰头会日程表的第三项内容是做出承诺，承诺将在碰头会上学到的知识应用到实践中，创造更多的推广客户。

本周我们每个人都能承诺做什么？我们应该尝试什么新事物？请注意，履行在碰头会上做出的承诺是非常重要的，要让你的团队成员知道，你希望他们遵守承诺，并且在碰头会上做汇报。当然，你要担当起信守承诺的典范，如果你都没有遵守承诺，团队成员也会纷纷效仿。

安排后续会议

在结束会议之前，确保你对下一次会议做出部署，安排一个人提前阅读某一章节并主持会议。

在完成了所有的碰头会议后，重复这个过程，这样你的团队中的每个人都有机会主持一次会议。我们知道你可能抽不出时间专门教授你的团队成员关于三个核心粘度思维原则的相关知识，但是请为每个小组留出十分钟的时间，将这些重要的原则和实践融入到你的团队文化架构建设中。我们在接下来的每一章都会提供一个"碰头会议程"来帮助你完成这一构建过程。

我们有一个重要的度假酒店客户，他的经理们每周会召开一次主管粘度思维碰头会，然后由这些主管主持与客户打交道的团队成员碰头会。他们对这种碰头会机制的反馈：

管理层喜欢这种方式，因为他们可以选择一些需要特别关注的话题进行讨论。员工们创建了一个展示板，他们可以对自己“倾听学习”和“建立人际关系”的方式发表评论。碰头会是一个简单的会面，每周只需要10分钟的时间，员工们对此积极性还是非常高的。

这些碰头会究竟有多么重要？

想象一个决心提升客户粘度的团队，他们每周会聚一次，庆祝团队成员创造的推广者。如果团队有一个量化的客户粘度数字，他们会追踪这个数字，来验证他们新的做法是否起到了作用。他们谈论任何服务失败的经历以及从中学到的东西，他们提出新的想法并承诺尝试。不断有新员工加入团队，为团队增添新的活力，所有的这些让每周的讨论变得更加丰富和有意义。

把每个章节中吸引你的地方挑选出来，在每一次碰头会开始时分享这些精华。本章中有趣的事情是什么？是什么让你惊讶不已？然后使用下面的大纲和问题来指导你的团队讨论。不要因为你对某些问题还没有形成确切的答案而担心，只要能提出这些问题，就表明你和你的团队正在一起学习。最重要的是，让碰头会变得有意思，可以让团队期待下一次会议。在完成第一轮碰头会日程后，第二轮碰头会就会更有趣，且互动效果会更好，因为团队成员已经见证了三个核心的粘度思维原则在他们与客户互动过程中的应用，也许更重要的是，他们彼此之间也有过较好的互动。

是时候开始行动了。下面，是第一次团队碰头会的日程。

碰头会1——粘度思维

通过培养同理心，对他人的需求负责，对人慷慨来学习粘度思维。

1. 赞扬

庆祝人们在赢得客户粘度方面的良好表现。

2. 学习

（1）什么是客户粘度？我们的行为有多重要？

（2）推广者、被动者和诋毁者的行为分别是什么样子的？

（3）我们的团队有粘度思维衡量标准吗？如果有的话，它给我们的启示是什么？

（4）我们从与客户的互动中学到了什么？

3. 承诺

提升客户粘度。

4. 安排后续会议

确定第二次碰头会的日期/具体时间，以及由谁来主持。

PART TWO

第二部分

同理心原则

如果我们想要提升客户粘度，同理心绝不是众多优先处理事项中可有可无的一个，它必须位于整个列表的首位——这不仅是对一线客户服务团队而言，组织中的每个人都适用，包括从事产品开发、系统设计、制造、销售、推广或财务等岗位的员工。

第2章　同理心原则

只有自身感受到别人的存在，你才能理解他们。

——约翰·斯坦贝克

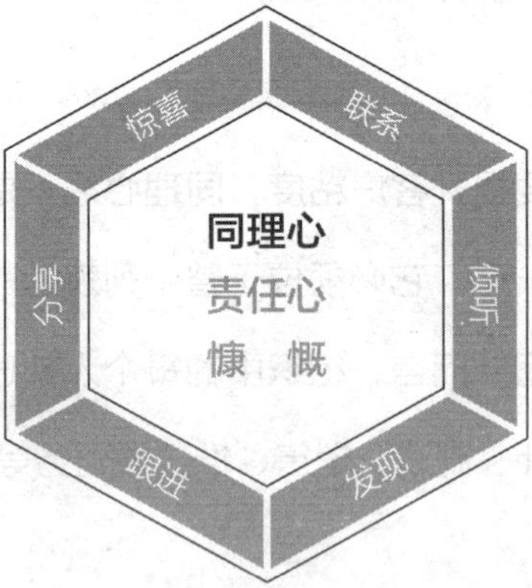

塑 造 · 传 授 · 强 化

大多数的购买行为都是受到情感驱动的。也许我们会认为自己是理性的，并且行事都是完全符合逻辑的——我们会根据事实和分析做出合理的购买决定。事实并非如此，行为经济学告诉我们，在很多情况下，我们绝非理性的，我们的情绪是影响决策的关键要素。神经学家已经发现，购买的决定是由大脑边缘部分做出的——大脑边缘部分是原始的、更为情绪化的区域，对分析或理性思考不会产生较好的反应。有趣的是，如果大脑边缘系统受损，一个人就会在两件事情上苦苦挣扎——情绪和决策——这也进一步显示了这些事情是如何交织在一起的。

但是大脑的决策中枢确实会对同理心做出反应，而同理心即是三个核心粘度思维原则的第一个原则。同理心是我们理解和分享他人感受的能力，我们可能不同意某些人的观点，但我们知道为什么他们会持有这样的观点。更重要的是，我们能体会到别人的感受。对另一个人来说，这就像是他们在照镜子：他们的感受在我们身上反映出来，就好像我们自己也体会到了同样的感受。富兰克林·柯维（Franklin Covey）认为：

人类灵魂最深层的需求是被理解。

想象一下，你被同理心对待的场景。被理解的感觉非常好，当有人与你产生真正的共情时，感觉尤为好。

同理心往往是相互的，当我们被同理心对待时，我们通常会以同理心回应，对他人表现出真诚的共情也会让我们感觉非常棒。

不幸的是，我们在那些为我们服务的人和组织那里常常感受不到同理心。

你有多少次走进一家商店请求帮助时却没有人注意到你？

例如，药店柜台后面的女士在你站在那里等待的时候继续和同事交谈；家庭中心的员工迈着轻快的步伐从你身边走过去，就好像你压根儿不存在一样；租车部的那个人在打电话，他的眼睛好像被什么遮住了，完全无视你，留下你一边抓着柜台，一边盯着他看上足足有一分钟、两分钟，甚至五分钟（这让人感觉起来好像度过了几个小时）。

作为顾客，我们有多少次感受到服务者们不仅看不到我们，而且也听不到我们的声音。我们的晚餐下错了单，我们点的饮料迟迟未送达。我们不得不在客服电话里一遍又一遍地重复自己的名字，或者当没有人注意我们的时候被迫大喊："喂，有人吗？"

并不是这些一线员工没有同理心，我们相信大多数人是有同理心的，因为我们的同理心是与生俱来的。科学家甚至研究出了大脑的哪一部分是同理心控制中心：它被称为膝下前扣带回。

举例来说，当我们看到有人被针刺了一下，这一部分就会亮起来，它会让我们倒吸一口凉气，因为在那一瞬间，我们能感受到对方的痛苦。当我们为别人做一些好事时，大脑的这部分也会亮起来，人类的大脑实际上是可以与他人产生共情的。当然，有些人比其他人更具有同理心，但我们都会对他人的情绪状态做出一定的反应。当我们努力提高团队的客户粘度时，同理心的概念是没有必要教授的——每个人都已经具备了，我们反而需要帮助我们的团队成员专注于培养能够让我们更频繁地对客户表示同理心以及分享他们的感受的思维方式和技能。

能够让我们与客户感同身受的一项技能是，将客户置于其他重要任务之上。我们中的很多人会被安排完成各种各样的任务，我们有目标、配额和任务。我们完成了一项任务就接着去完成另一项任务，周而复始，没完没了。我们陷入了一连串各种要求组成的漩涡中，其中一些要求还是相互矛盾的。在一次与客户的模拟对话中，一名员工直截了当地说："我并不是不想帮你，我相信你是个不错的人，无意打扰我，但如果让我在你（一个我不认识的陌生人）和我的老板（如果我没有完成我的任务清单，他会说我无能、懒惰等）之间选择一个人来谴责，我肯定会把错误归咎在你身上。毕竟我的老板是给我发薪酬的人，而你只是一个我几小时后就会忘记的路人。"

员工这样想有错吗？我们曾经听到一位同事说过："如果不是为了这些讨厌的客户，我实际上是可以放弃一些工作的。"这并不完全是个玩笑。

大多数员工真心想提供帮助，但是他们被各种互相冲突的优先事项缠身，以致他们很难给同理心留出应有的时间。哈佛商学院（Harvard Business School）教授克莱顿·克里斯坦森（Clayton

Christensen）提出了更为宽泛的观点：

许多产品之所以失败，是因为公司在开发环节就出错了。公司过于关注他们想卖给客户的东西，而不是客户真正需要的东西，缺少的是同理心——深刻理解客户试图解决的问题。

如果我们想要提升客户高粘度，同理心绝不是众多优先处理事项中可有可无的一个，它必须位于整个列表的首位——这不仅是对一线客户服务团队而言，企业中的每个人都适用，包括从事产品开发、系统设计、制造、销售、推广或财务等岗位的员工。

■ 有同理心是什么样子

卡尼翁·希莱尔是美国西北部Safelite AutoGlass（一家大型的汽车玻璃公司）的技术人员，他是美洲土著民族中的一员。“我们是一个伟大的民族，非常有爱心。”当卡尼翁谈及他的文化时，他如是说。每天早上，卡尼翁都会打电话给他的顾客，谈论如何修理汽车上的玻璃。有一天，他得知他的预约对象是一个听力受损的人，他马上就开始关心起那个人，他开始换位思考。客户必须了解在预约期间他们可以获得什么，需要多长时间，以及一旦修理完毕，何时驾驶汽车是安全的。卡尼翁关心的是他是否能将这些信息充分传达给他的客户，卡尼翁联系了一位懂美国手语的朋友，请她用他的智能手机为这位顾客录制视频信息。“我本可以把所有的事情为客户写下来，”卡尼翁解释说，“但你有没有注意到那些你用人们的母语和他们交流后他们的反应？如果你没有此类体验，那就找个合适的时机尝试一下。只要学会一点点，对方就会变得更放松，他们会感觉更舒服。对我来说，客户服务不仅仅是做好一份工作。当顾客看到视频时，他非常高兴，一边点头，一边大笑，他对此非常感激，我们之间的隔阂就此融化了。”客户理解了卡尼翁的解答并心怀感激地接受了他的提议。

卡尼翁的故事在社交媒体上广为流传，营销专家格雷格·维塔雷利（Greg Vitarelli）看到这件事情后，他写道：

> 那一天，我遇到了一件完全出乎意料的事情，让我感动哭了……它发生在一个非常不同寻常的地方——一家汽车玻璃公司。真实善良的人性令人惊叹……卡尼翁确实是客服专业人士的榜样。

卡尼翁的思维方式让他对每一位顾客都表现出了同理心。让我们回顾一下这个故事的一些关键点。

对我来说，客户服务不仅仅是做好一份工作。许多人会满足于“做好工作”，显然，卡尼翁不是这样的，他做得更多。这消融了人与人之间的隔阂，彼此之间建立了真正的信任。这让顾客感到被尊重、被理解，甚至给他们带来了欢乐。

你有没有注意到那些你用人们的母语和他们交流后他们的反应？

你的客户的“母语”是什么？或者更确切地说，他们与你和其他人交流时有什么独特之处吗？当我们用他们的语言跟他们交流时，我们就选择了一种尊重他们的文化、思想和生活方式的方式，此时我们表现出了同理心。

真诚地展现人性。像对其他客户一样对待听力有障碍的客户，为其做挡风玻璃的修理工作非常容易，我们也称很好地完成了工作。我们中的一些人会走得更远一些，将交流内容记录下来，与听力有障碍的客户分享。卡尼翁传递得更多：他带来了真诚的人性。卡尼翁的行为对他的顾客以及他所在的汽车玻璃公司的成功有着深远的影响。

“但我非常忙，我还有其他工作要做。”你会说。这是真的，我们大家都有工作要做，这项工作的一个关键部分是向我们的客户表达同理心，不管是在公司内部还是在公司外部。

从实践的角度来看，同理心是这样的：当有人走近时，我们会把正在做的事情放在一边，关上笔记本电脑，放下手机，把注意力集中在那个人身上。我们用我们的眼睛和耳朵认真聆听，表达同理心需要花费时间吗？是的，抑或不是，这当然需要投入精力，但它始于一种思维（或者更确切地说，是一种心态）。我们常常会因为没有表现出同理心而在时间、精力和金钱方面付出更大的代价。

■ 没有同理心是什么样子

同理心的反义词是“漠不关心”，字面意思是指“没有感觉”或

“不关心”。漠不关心只需要一个小小的手势就可以表现出来，一个无聊的眼神或者一个烦恼的叹息都会让顾客觉得她不重要。客户可以通过一线员工的行为以及其他一些渠道感受到该企业对他们漠不关心，例如，设计欠佳的网站，在服务支持热线上的长时间等待，复杂难懂的账单，或者在医院或酒店令人困惑的入住程序，等等。

我们都有过被冷漠服务的经历，我们也会时不时地感受到漠不关心。漠不关心可能来自让我们意志消沉或绝望的生活事件，也可能源于对日常生活的疲惫或厌倦。同理心从我们自身做起，我们不需要成为一名经理，就可以成为一名有同理心的领导者，并对周围的人有同理心。

史蒂芬·柯维认为：

人的内心是脆弱的，也是敏感的。我认为年龄和经验都不会对其产生太大改观，甚至在最刚硬和最坚强的外表下，也会包含着一颗充满柔情和情感的内心。

要想融化一颗冷漠的心，最有效的方法是付出同理心，简单地沟通以及学会倾听他人。

为了让顾客感受到他们备受关注，一些组织建立起了系统化的流程，旨在给顾客一种个性化服务的感觉，然而这些并不是建立在同理心基础上。我们来看这些流程是如何运作的。

假设我们打电话给有线电视公司，告诉他们我们的电视收不到信号，电话另一端传出了木讷的声音：

约翰逊先生，首先对您过去两年多来对我们的支持表示感谢。我们知道您可以选择其他供应商，所以我们非常感谢您照顾我们的生意。我能占用您一点时间向您收不到信号表达歉意吗？我明白这给您带来了诸多不便。约翰逊先生，当这种事情发生在我身上时，我也会感到沮丧。所以为了确保我理解无误，您打电话的目的是为了得到技术支持，解决信号不好的问题，对吗？

没有人会对照本宣科的回应以及虚伪的同理心产生深刻的印象，然而我们经常会遇到以下这些情况——从杂货店的收银台机械式的询问“找到您所需要的东西了吗”，到医院里忙得不可开交的一位医生的程序化的询问“你今天感觉怎么样”？来自公司执行董事会的研究人员将诸如此类的互动统称为“通用服务”。

导致不忠诚的最大驱动因素之一是“通用服务”——这会让客户觉得他们自己被看作数字，没有受到任何个性化的对待。作为客户，我们非常清楚这种对待所带来的痛苦。冷漠的问候，虚情假意地表达同理心，对我们忠诚的照本宣科的感谢，这足以让我们火冒三丈。

作家兼医生丽贝卡·伯纳德（Rebekah Bernard）说：

> 同理心是一种让他人感受到你的理解和关心的能力……你不需要去感受它，你只需要展示它。

我们对此实在不敢苟同。同理心是一种情感——一种我们可以与他人建立联系的方式。也许在某些情况下，“多伪装就可以成真”是可行的，但是没有什么能取代真正的关心和同情。想象一下，在一个面带假笑和充斥着程序化回答的团队中工作和在一个面带真诚微笑和主动友好对话的团队中工作的区别，我们想加入到哪个团队中？当我们需要帮助的时候，我们想求助于哪个团队？

手持脚本的员工也可以以一种真正的同理心的方式传递信息，这是加强客户粘度的首要原则。在捷蓝航空（JetBlue）最近的一次航班上，我们见证了乘务员提醒乘客在着陆后和滑行期间系紧安全带的规则的全过程，乘务员的表达方式显示出了他们对乘客真正的关心和真心的照顾，而不是我们有时在其他航空公司所听到的刺耳的、尖锐的语气。

下面是一位客服代表关于同理心的另一个故事：我们的朋友给他的妻子买了一部新手机，他被告知每月的服务费大约是30美元。他对手机账单有过一些不愉快的体验，他真的想确保30美元是准确的消费金额，所以他两次和销售人员核实费用，记了下来，甚至让销售人员在上面签了字，每月不超过30美元。当他下个月拿到136美元的账单时，你足以想象到他当时的沮丧心情。

给公司打客服电话是绝对让他发怵的事情，当他接通了人工电话（经过十分钟的电子回复等待和重新等待后）时，他只说了句“我能告诉你我的经历吗”？幸运的是，代理商用友好的声音说了声“好的”，在听他讲述完后，几分钟之内就帮他解决了问题。他承认，这种同理心让他有点晕头转向。“太出乎意料了。”他说，声音里充满了激动。像我们这位朋友一样，人们真正想要的是客服理解他们的故事。

■ 同理心背后的故事

同理心是通往一个人真实故事的道路——一个常常被隐藏在人们视线之外的故事。还记得你最喜欢的漫画书里的人物吗？每个角色的头上都有一个思想或言语泡泡，里面标有他们的语言、思想和感情，这样你就清楚地了解这个角色的头脑和内心想的是什么。想象一下，你可以读懂客户的想法。不管你从事的是什么职业，也不管你面对什么样的客户，当人们从你身边走过时，你认为他们背后隐藏的故事是什么呢？

• 一位患有50年临床抑郁症的老妇人。

• 一个穿着机修工衣服的人，身上沾满了油污，他唯一的女儿即将大学毕业，这是家里唯一的大学生。

• 妻子刚刚失业的一位男子，在将来的一段时间内，他将是唯一的养家糊口的人。

• 一位获得巨大职位晋升的女商人。

- 一个身着西装的男人刚把他唯一的儿子送进戒毒所……这已不是第一次。
- 两个兄弟姐妹团聚在一起，这是期待已久的一次家庭团聚。
- 一对年轻夫妇在经历了一次流产后重新怀孕。
- 一个年轻男子，他的女朋友刚刚接受了他的求婚。

请大家注意，我们并没有告诉你他们想要什么样的产品或服务，暂且把这些放在一边。知道他们真正在想什么，对你的服务方式会带来什么影响？他们背后的故事塑造了他们的需求——也许是安慰、支持、庆祝或同情，了解他们的故事能让我们更好地为他们服务。

是什么让那对渴望得到孩子的年轻夫妇光顾我们店的？我们正在出售特价的新生儿尿布吗？同理心可能会让我们为这对夫妇提供一些优惠券，帮助他们解决孩子的预算问题。如果最坏的情况再次发生，他们的孩子再次失去，我们是否准备办理无理由退款，并发一封邮件向他们表达我们发自内心的关心？那个刚订婚的男子——是什么让他们来到我们店中？他想要找什么？这个男人想要组建一个新的家庭，也许是一个新家，一辆新车，一种新的生活方式，我们能做些什么来帮助他实现他的梦想？

要想了解我们经常见面的人背后的故事可能需要花费一定的时间，在其他情况下，我们可能只需要几分钟甚至几秒钟的时间就可以得知客户来自哪里。我们获知一个人背后的故事的能力始于简单的观察——通过“读”别人的眼睛和举止，通过倾听但不仅限于理解字面意思，有时候我们一眼就可以读懂一个人的故事。一位研讨会参加者向我们讲述了如下这个故事：

我和家人为这个假期筹备了很长一段时间，我们的航班在深夜到达目的地，我们站在机场的路边等着预定酒店的班车把我们接到酒店。左等右等车还是没有来，我给酒店打电话，他们总是说马上就到，但是过了将近30分钟，班车还是没有出现。整整一天的旅程已经让我们筋疲力尽，孩子们开始发脾气，我和妻子在恼火之余，不免担心起来。

就在那时，另一家连锁酒店的班车停在了路边，司机友好地朝我们笑了笑，问道："你们是入住我们酒店的吗？""不，"我们回答道，"我们住在XYZ酒店。"司机说："上来吧，我带你们去XYZ酒店。"我感到既惊讶又高兴。这位司机载着我们去了他竞争对手的酒店，大家就可以猜想到我之后每次出差，会选择住在哪家酒店了。

只要看一眼疲惫不堪、悲痛欲绝、被困在路边的一家人，那位班车司机就读懂了全部的故事，就是他的同理心让他做到了这些。他为此付出了代价吗？是的，他不得不绕一段路。他又收获了什么？潜在的终生的顾客，以及来自让别人的生活变得更美好的那种感觉。

■ 领导者实践——同理心原则

正如我们在第1章和大家所分享的，与客户打交道的一线员工通常是企业中获得培训最少、最不被看好、薪水最低的人，有些人不止从事一份工作，有的半工半读，有的在努力组建家庭。但凡有一点同理心，就不难理解为什么这些人没有把全部精力投入到公司的关键绩效指标上。

一个对待同事漠不关心的领导常常会经历真正的挫折，因为他无法激发起同理心，鼓舞士气的高谈阔论、威胁、加薪、升职和集会口号是起不到多大作用的。

那么，针对缺乏同理心的团队，真正的解决方案是什么呢？

领导者需要具有更多的同理心。同理心的力量不仅适用于我们的团队成员，也适用于我们的客户。富兰克林·柯维说：

> 你希望你的员工如何对待你的最佳客户，那就用同样的方式来对待你的员工。你可以买到一个人的手艺，但买不到他的心，而他的心就是他的热情，他的忠诚。你可以买到一个人的力气，但买不到他的大脑，而他的大脑正是他的创造力、独创性和智谋的来源。

看看团队成员以及他们关心的事情：

- 山姆热爱音乐和运动，他正在参加训练，为他的第一次马拉松做准备。

- 玛丽亚要去技术中心上夜校。
- 杰克喜欢猫，他住在带有屋顶花园的阁楼里。
- 法蒂玛是一名兼职瑜伽教练，且热爱烹饪。

这些事实会对他们领导者的行为产生什么样的影响呢？

优秀的团队经理知道山姆非常喜欢音乐和跑步，所以她偶尔会送给他一些礼品卡让他在网上购买歌曲。她会记得在他的马拉松比赛那天给他发短信祝他好运，过后会祝贺他取得了成功。

那么，我们知道我们团队成员的故事吗？我们知道他们的个人生活是什么样子的吗？是什么让他们夜不能寐？他们的梦想又是什么？他们的家人怎么样？

一位朋友给我们讲述了一个他过去经营的一家小公司的故事：

我有两名雇员，分别是基思和兰迪，他们都是刚刚毕业的股票经纪人。他们俩有着共同点：爱挖苦人，不懂礼貌，而且脾气暴躁。他们会对我翻白眼，偶尔还会嘲笑我。他们业务表现还说得过去，但他们的粗鲁简直让人难以忍受。管理基思，对我来说尤其困难。我自认为自己是个好雇主，我努力让他改变态度，但他总是一笑了之，继续我行我素。有一天我实在受够了，我非常平静地把基思邀请到我的办公室，把欠的工资结清，让他收拾东西回家，我当场就把他解雇了。

兰迪和基思一样都没有礼貌，但我对他的反感并没有那么强烈。

我在兰迪小的时候就认识他了，可以说是看着他长大的。我知道他在很小的时候，就遭遇过他父亲的虐待。他是我家孩子的一个玩伴，他患有严重的哮喘，这种病最终会夺去他的生命。我喜欢他乐观的笑容，以及他的机敏。

有一天，我搂着兰迪的肩膀，向他表达感谢，感谢他为我所做的一切。我以前也这样做过很多次，但这次他回以微笑，在我手臂上轻轻打了一拳，我觉得我和兰迪建立起了联系。大家可以看到，我知道兰迪的故事，了解他的生活的种种不易，以及他的希望和梦想，但我不知道基思的故事，回想起来，我真希望我能花点时间去了解他。

故事可以改变心境。当我们知道了团队成员的故事，我们了解了他们的心境后，我们的心境也会随之发生变化。

有两种方法可以创建一个具有同理心的团队。一种是带领你的团队，另一种是雇用那些在行动中表现出同理心的人。我们建议双管齐下，两者都可以做。

有同理心的团队

让团队专注于同理心从领导者做起。不管你是不是官方认定的领导者，都应该扪心自问一下，自己是不是一个具有同理心的榜样。

弗雷德·基尔（Fred Kiel）博士的工作是研究性格如何影响工作绩效，他曾经说过：“当涉及经营企业时，以自我为中心、以利润为导向的领导者很少能够兑现承诺。”如果你天生不具备同理心，你不能放任自流说“我就是这样了”，然后还期待能有更好的结果。缺乏同理心自然会导致缺乏人际粘度，没有人会对一个冷漠的人充满好感，所以，培养同理心对你来说非常关键。

你可能觉得自己并不是一个天生具有同理心的人，且这种“温暖而含糊”的东西对你来说无异于对牛弹琴，请不要气馁。有些人说他们的性格已经定型，无法改变，基尔博士对此的回应是：“这是可以改变的，我坚信这一点，因为我看到许多成年人成功地接受了性格改善的挑战。不仅如此，我还看到他们的生活变得越来越快乐、越来越满足、越来越成功。”

我们克服了缺乏同理心这一缺点，通过有意地改变我们的心态，软化我们的心灵，与他人建立联系。观察别人，发现他们背后的故事——一位疲惫的购物者，一个不停抱怨的火鸡，带着招人烦的、不停哭闹的孩子的父亲，一位下岗工人，一位打扫厕所的清洁工人。如果我们专注于改变我们的思维方式，并实践这条首要的粘度思维原则，我们就会看到同理心带来的改变。继续保持下去，它就会成为人的第二天性，成为一种习惯。作为一名领导者，我们的行为被我们的团队所接纳，我们用行动传达了团队的价值观。

如下一些建议可以帮助我们创造一种同理心文化。

扪心自问：同理心是不是一个你想要接受的原则？当你和某人打招呼时，是发自内心的问候，还是只是一个冰冷的点头？你是否对你的客户和团队都表现出同样的同理心？如果连你自己都不相信同理心，那么创造一种崇尚同理心的文化是没有意义的。如果你是或能够成为一个具有同理心的人，并且坚持这个原则，人们就会追随你。

让自己置身于他们的故事中。当你与客户和员工一起工作时，换位思考，试着想象一下你身处他们所处的情景中。当你观察别人的时候，试着找出他们背后的故事。

不要分心。如果你在和一个人聊天的时候，给另外一个人发短信，那么与两个人的交流效果都不会好到哪里去。如果你想赢得顾客或雇员的忠诚，你需要把全部注意力放在你面前这位顾客或雇员身上。

招募有同理心的员工

如果你参与招聘，请寻找那些天生具有同理心的人。研究人员称能够高度移情的人为“召集人”，因为他们擅长将人聚集在一起，建立联系。根据生物学家海伦·费舍尔（Helen Fisher）的说法，这些人的大脑与其他人相比受到所谓的雌激素/催产素系统的影响要更大一些。尽管有人可能认为这在女性中更为普遍，但这与性别是无关的。

如果想找到召集人，就要关注那些有良好人际关系记录的人——他们信任别人，对别人的感受比较敏感，他们与人能够迅速地建立联系。他们善于外交，善于促成共识，而且他们往往具有非凡的语言和社交技能。在面试候选人时，观察他们在面试过程中如何与你和其他人建立人际关系。注意他们如何谈论过去的客户体验，以及如何表达他们对人际关系的感受。

有同理心的两种做法

为了向他人表达同理心，我们需要关注两个关键的行为或实践：

- 建立真实的人际关系
- 倾听并从中学习

我们将在接下来的两章中深入探讨这些问题。同理心的行为是可以学习和传授的，所以可以采用下面的碰头会日程来指导一场关于同理心的交谈是非常有意义的。当你的团队朝着增强同理心的方向努力时，确保你意识到了这一点，并对反映同理心的互动予以奖励。把这些努力公布于众，赞扬你的团队成员的不懈努力，并聚焦于那些成功的案例。

碰头会2——同理心原则

同理心是理解他人处境或感受的一种能力。

1. 赞扬

祝贺某人成了一个客户推广者。

2. 学习

（1）当我们被同理心对待时，我们的感受如何？

（2）被冷漠对待时，感觉如何？

（3）我们在什么时候表现出同理心真的非常重要。

（4）在我们很忙的时候，我们如何表现出同理心？

3. 承诺

对客户或同事表达同理心。

4. 安排后续会议

确定第三次碰头会的日期/具体时间，以及由谁来主持。

第3章　真诚的人际关系

唯有沟通。

——E. M. 福斯特

亚希尔是一个十六岁的男孩，他要去参加他人生的第一次面试。他和妈妈相依为命，他的妈妈是一位移民，一直坚持不懈、努力奋斗为自己和儿子创造新生活。他的妈妈拦住了他的去路，说："你不戴领带就不能去面试。"但是这个男孩没有领带，也从来没有打过领带。他的母亲给了他一点钱，并送他去了商店。

这位少年忐忑地走进商店，找到了男装部，开始在领带区寻找卡扣领带。这时一位身着红色背心、高大友好的人向他走来。"有什么我可以帮忙的吗？"他和蔼地问道，亚希尔向他说明了来意。

"明白了，我们这里不出售卡扣领带，但是我们这里有许多不错的普通领带，各个价位都有，这里面有你喜欢的吗？"

亚希尔低头盯着地板，最终坦白道："我不知道怎么打普通的领带。"

"我可以打给你看。"那个讨人喜欢的身着红背心的人说。他挑选了一条亚希尔看中的领带，然后认真地教他如何打领带。他一边示范，一边询问亚希尔关于工作面试的事情，并给出了一些如何成功获得第一份工作的建议："记得直视老板的眼睛，握手时要有力。"

他还和亚希尔一起练习如何系领带，如何握手及进行眼神交流。他们的举动吸引了另外两名身穿红色背心的员工的注意，他们争前恐后地发表了各自的建议："记住说话的时候要声音洪亮，无论看起来还是听起来你都要表现得非常自信。"

另一位顾客见证了这一幕，她被深深地打动了，她用手机拍了张照片并发布在社交媒体上。短短几小时内，亚希尔的照片和故事就在全世界流传开来。亚希尔是直到面试成功后才得知这一消息的，当地媒体采访了他和他的母亲，他们还上了电视新闻。

“他们本来可以选择只把领带卖给我儿子，然而他们花费时间，帮他打领带，并且整个过程他们给我儿子留足了尊严，十分尊重他。”这位母亲声音颤抖地说道，“他们做的还不止这些，他们向他提供了一些真实有用的建议以帮助他得到工作。”

亚希尔对受到他们关注感到非常惊讶，“听了他们的建议后，我又恢复了自信，我平静、冷静并镇定了下来。通常只有朋友或家人会做这样的事情——而不是和你素未谋面的陌生人。”我们可以假设一个另外的场景，销售助理可能会问亚希尔他需要什么，然后很快就可以用一句“对不起，我们这里不出售卡扣领带”匆匆把亚希尔打发走。但是在这家店里，红色背心代表着一些重要的东西，身着这种衣服的人服务水准很高。他们表现出同理心，并与顾客建立了真诚的人际关系。

毫无疑问，亚希尔和他的妈妈至今还是这家店的忠实客户。拍这张照片的女人呢？成千上万的在社交媒体和电视上看到了“红色背心”团队的工作表现的人们，他们又会做何感想？

■ 真诚的人际关系是什么样子

桑迪跟我们分享了这样一个故事：

有一天，当我要离开街角的那家杂货店时，一位年轻的工作人员微笑地看着我，兴高采烈地说："谢谢你的到来！"

谢谢你的到来？我立刻被触动了。像参加一个派对或其他场合？我回以微笑，说了声"谢谢"。这是一件小事，只是人际交流中的一个小火花，但不知何故，我感到非常振奋，对这家社区商店增加了很多好感。

向他人示以同理心首先要和他或她建立联系，真正的人际关系能够萌生一种归属感和接受感。当我们缺乏这种被接受感时，我们就会经历"社交痛苦"，"由于被冷落而产生的心理疼痛和身体上的疼痛一样真实。"D. H. 劳伦斯（D. H. Lawrence）用"湮没"这个词来描述与他人隔绝的感觉，想必我们都有被疏远的经历。

有些人对此持有怀疑态度，他们认为人们进行人际交往的目的无非是想从别人那里获得利益或者一些其他的东西，但这种假设本身就是有缺陷的，与他人交往本身就是一种获得。

肖恩（Shawn）描述了一种温暖的人际关系是多么的简单：

我停下来付过桥费——这是我一直讨厌做的事情——但就是因为我和收费亭工作人员为时15秒钟的短暂的交流，让我在开车时禁不住对自己说"这种感觉太棒了"！这位收费亭工作人员在短短十几秒钟内就能与人建立起人际关系。我记不清他具体说过什么话，但我记得他给我的感觉，那次短暂的邂逅让我很感激我选择走了那条特定的路线。建立一种温暖的人际关系并不需要花费太多精力，也不会花费金钱。我们都渴望得到它，我们甚至需要它，但是我们很少能够得到它。

■ 不真诚的人际关系是什么样子

当我们研究建立同理心的做法时，我们应该考虑这些做法也有“伪造品”。伪造的行为无异于伪造的钱，乍一看，它可能是真的，但通过仔细观察就会发现，这只是一种模仿。对真诚的人际关系的伪装可能表现为假装感兴趣，毫无同理心地介入，或者不带情感地照本宣科。当领导者创建一系列旨在提高客户满意度的系统和流程，而不承认需要与客户建立真正的人际关系时，虚伪的行为就会潜入到企业中。

例如，医院花费大笔资金聘请咨询师提供脚本和检查表以提高医院满意度得分：

整个行业都在跃跃欲试，鼓励医院花高价聘请咨询师提供脚本或其他资源以提高医院的满意度得分，一些机构甚至雇用演员和护士一起排练剧本。

在马萨诸塞州，一位内科/外科护士对《波士顿环球报》（Boston

Globe）反馈，这种脚本语言让她感觉自己像一个“唯命是从的护士”，并且她想知道病人是否会注意到他们的护士都在使用相同的措辞。她的担心是合理的，优秀的护士是热情的，有趣的，个性化的，或是真诚的——需要记住的脚本在他们的道路上设置了一个不必要的障碍。你可能对形容词“唯命是从的”（Stepford）非常熟悉，这个词来源于一部小说，讲的是一个没有自己的感觉和想法的整日微笑的机器人。

按照这些脚本和检查表，服务人员会说着固定的表达方式“祝你有美好的一天”或者“感谢你的惠顾”，然而作为顾客，我们都能感受到虚假的成分。许多服务人员会不假思索、不带任何感情地说出这些食之无味的话语，我们相信街角小店的那个年轻人——那个真诚地对桑迪说“谢谢你的到来”的人——不是虚伪的，他建立的是真诚的人际关系。

越来越多的研究告诉我们，对客户的影响始于真诚的人际关系。仅仅是几个信号——友好地点头、微笑或挥手——就可以向人们表示他们是受欢迎的，我们很乐意为他们服务。第一印象非常重要，人们很快就能做出判断来决定我们是否是他们在人际层面上可以交往的人，以及我们是否可靠。如果我们是冷漠的或难以接近的，我们立即承担起了失去忠诚客户的风险。他们可能会发现我们是胜任的且可靠的，但我们仍然得不到他们的忠诚，这其中的关键点是要与每个人都保持亲切的人际关系。

还记得亚希尔以及他购买领带的故事吗？当然，当年仅16岁的他走进店里的时候，他并不是一个出手阔绰的顾客，然而，这家店的服务团队选择毫不犹豫地像对待最忠实的顾客一样对待亚希尔。

■ 为什么没有真诚的人际关系

当我们认识到真诚的人际关系是粘度思维的一个重要环节后，我们马上就想知道为什么我们都崇尚的自然的人际关系有时会求之不得。我们开始识别阻碍构建真诚人际关系的障碍，我们发现有很多障碍，并且还在不断增长。

想想你工作中最疯狂的日子。我们谈论的是如下的这些场景，繁忙的机场租车柜台，午餐时间的你最喜欢的餐厅，年末在联邦保险部门结账，一家大型城市医院的急诊室，车管所月末的最后一天——电话铃声此起彼伏，不耐烦的顾客，超负荷工作的同事，在这样的情况下，我们又如何能建立一种温暖、真诚的人际关系呢？需求和请求的数量很快成为我们逃避与他人建立真诚人际关系的借口，我们实在太忙了。然而，正如我们上文提到的，一个眼神或一个字就能把人们联系起来，太忙只是一个糟糕的借口。我们建立人际关系的能力——即使在一个疯狂繁忙的日子里——是由一个理念驱动的，这个理念就是与客户建立联系是我们工作的一个重要的组成部分。

另一个阻碍人们建立联系的障碍是技术。我们都是通过网络办理飞机登机，在杂货店结账，办理银行业务和购物，我们通过点击鼠标来完成这些事情。虽然我们很多人对这种便捷和节省成本的方式青睐有加，但技术的不断普及在为客户建立个人联系方面可能会带来挑战。

高瞻远瞩的高科技公司懂得借用人际关系的力量，在出现问题的时候尤为如此，只有与人而非通过电脑交流来解决问题。我们在亚马逊、苹果和西南航空公司都有过类似的经历，在电话线另一端的人、在天才吧（苹果用户寻求技术援助的最佳去处）的人、在售票处的人都很好地与我们保持了良好的联系，采用热情友好的方式解决了我们的问题。

以拉莫达（Lamoda）为例，这是一家俄罗斯在线零售商，它为超过900个品牌的男女服装提供次日送货服务。当有人在网站上下单后——每年都有超过一百万的订单——拉莫达时尚顾问会把它送到你的家门口。他或她会留给你几分钟的时间来试穿衣服，给你提供时尚建议，如果你满意就会接受你的付款（如果你不满意就会退回部分或全部订单）。虽然我们喜欢拉莫达给我们提供的方便，但是我们肯定可以通过远程的方式建立一种温暖的人际关系，且比上门服务花费少。桑迪和我们分享了以下这个例子：

一天早上，我的克里格（Keurig）咖啡机坏了。那时候还挺早的，我非常疲惫，十分想喝上一杯爪哇咖啡。最后没有办法，我只好拨打服务中心，我知道很有可能会是忙音，转接，也知道我会因此而变得很沮丧。但我在克里格并没有遇到这样的经历，我打电话过去时，一位语气异常和蔼的女士接了电话，我能从她的语气和话语中感受到她想帮助我。她对我的处境感同身受，耐心地在线陪我完成了修理咖啡机的每一个步骤。她没有让我感受到她在等待机器完成修复的过程中有任何的不快，她是那么的真诚，她和我一样，目的是让我喝上一杯热咖啡。

一位租车公司的高管（不是来自Enterprise租车公司、National租车公司，也不是Alamo租车公司）最近告诉桑迪说，他承诺让他们的员工全部退出租车流程。我们曾听一家大公司的客户体验主管说过，客户粘度是“综合技术系统的结果，该系统能够基于可操作的数据驱动经验，创建相关的且有意义的客户体验”。我们并不想贬低科技，但我们相信一点：简单的沟通比任何“综合技术系统”都能赢得更多的忠诚，当客户遇到问题需要与人沟通来解决的情况下尤为如此。Enterprise租车公司的创始人经常说：“所有租车公司都有自己的汽车、分公司和员工，然而使我们与众不同的是我们的员工！”

总而言之，真诚的人际关系的建立始于我们的思维方式。我们都应该崇尚真诚的人际关系。如果我们采取一种思维方式，认为人际关系非常重要，认为这是优先考虑的事情，我们首先看到的是站在我们面前的人，而不是问题。我们以人为本，而不要被麻烦困扰。我们要用我们的眼睛、我们的语言和我们的心来建立人际关系，这种联系可以在瞬间建立。当我们很忙的时候，我们仍然能给等待的客户投以抱歉的眼神，或者简洁、真诚地送上一句“我很抱歉让您久等了”。我们会柔声细语，会进行眼神交流，并亲自感受这种联系。不管我们有多忙，我们都让每个人感受到我们知道他们在那里，他们对我们非常重要。

错误的思维方式是建立联系的一大障碍。“我不是一个热情的人，”你可能会说，“我宁愿专注于完成我的工作。”当我们改变思维方式，重视人与人之间的联系，以及这种联系给我们自己和他人带来的益处时，我们对工作的优先级次序就不同了。我们不仅会花费时间和每个人建立联系，而且会把它当成我们一天中最重要的任务，这成了我们的工作的一部分。与他人交流，这是一种选择。心理学家维克多·弗兰克（Viktor Frankl）的一句话给我们留下了深刻的印象：

> 你无法控制的力量可以带走你所拥有的一切，除了一件事，那就是你选择如何应对这种情况的自由。你无法控制生活中发生的事情，但你总能控制自己的心情和自己对这些事情的反应。

换句话说，我们可以选择自己的心情。没有什么——不是天气、新闻，或者公司的会计——能左右我们今天的心情，这是我们自己的决定。所以，把我们天生的同理心以及对建立联系的渴望激发出来吧。我们周围的人都是真实的人，他们有尊严，他们值得我们给予最好的东西。每个人的背后都是有故事的，如果我们了解了这些故事，它就能够激发出我们的同理心，让我们建立联系。

当我们在聚焦人际关系对粘度思维的重要性时，我们再怎么强调人际关系给我们带来的好处也不为过。面带微笑的回应或友善的交流不可避免地会让我们的生活变得更加美好，这一切背后都有科学依据做支撑：以一种和蔼可亲的方式与他人交流可以增加催产素，一种与平静和亲密相关的荷尔蒙。另一方面，过多的压力会抑制催产素的分泌。因此，我们给予别人的仁慈越少，我们自己就会变得越紧张。

■ 如何与每个人建立真诚的人际关系

一旦你决定建立真诚的人际关系，可采用五种自然的行为，这些行为非常容易做到：

1. 保持微笑并给予热情欢迎。
2. 先观察，然后再服务。
3. 用温暖的眼神进行交流。
4. 认可他人。
5. 随叫随到，但不要寸步不离。

保持微笑并给予热情欢迎

我们的朋友戈登·威尔逊（Gordon Wilson）负责管理美国一家顶级的苹果专卖店，他向他的团队强调了如下这条规则："以个性化的方式热情欢迎前来光临的客户。”请注意，零售助理不需要遵循一个固有的脚本，每一个走进苹果店的人都会在门口受到热烈欢迎。起初，戈登试图为这个职位雇用有“磁性人格”的人，他说道：

我很快就发现任何人都能胜任。人们认为苹果商店只雇用书呆子和技术人员，但事实并非如此，至少在我的店里，我开始相信任何人都能在苹果公司工作得很好。雇用什么样的人与他们个性相关，然而并没有与我的个性之间的关系那样大。如果经理是那种能够爱客户的人，那么这种爱就会传播扩散。

苹果公司比大多数公司走得更远，他们建立起了人与人之间的联系。当你走进商店时，迎宾员记下你的名字和你进来的理由时，会顺便记下你的穿着。后来，当一个“专家”——一个销售助理——从迎宾员手中接手工作后，她或他会瞬间知道你是谁以及你为何而来，他们会直接用姓名来称呼你。考虑到每天都有成千上万的人光顾一家苹果商店，这是非常了不起的一件壮举。

先观察，然后再服务

一天，一位母亲和她年幼的儿子走进一家体育用品商店。“西蒙，你真的确定今年要踢足球吗？”妈妈问道，语气中带着担忧和犹豫。

这个男孩看起来有点紧张，“当然了，妈妈。”

场务经理柯蒂斯（Curtis）中断了他与苏（Sue）的谈话，苏是一位新聘用的销售助理。柯蒂斯向妈妈问好："早上好！欢迎来到SportStuff体育用品店，有什么需要帮忙的吗？"

妈妈回答："嗯，我的儿子西蒙这个星期六开始踢足球，所以他需要一些装备，我还不是特别确定……"

柯蒂斯打断她的话，兴高采烈地说："我知道他到底需要什么，带防滑钉的鞋子、护腿和制服。再来个新球怎么样？我们会为他安排好一切。苏，你过来招呼一下这两位顾客好吗？"苏信心满满地点了点头，领着妈妈和儿子走向足球器材区。

你对这种互动有何看法？

柯蒂斯态度积极，也十分体贴，他花费时间培训他的员工，并帮助他的客户。但正如夏洛克·福尔摩斯（Sherlock Holmes）对华生（Watson）说的那样："你看到了，但你没有观察到。"柯蒂斯的观察力不够敏锐，无法读懂客户的故事，这意味着他并不能真正懂得如何为客户服务。他应该先观察，然后再服务。

让我们采用观察的方式。走进他店里的不是一个匿名的孩子，那是一个名叫西蒙的小男孩，虽然他很想加入足球队，但他担心自己不够优秀，担心是否会受伤，以及其他孩子是否会喜欢他。对一个8岁的孩子来说，这可是件大事。我们怎么知道这些的呢？我们不会读心术，但任何具有普通观察力的人，只要观察西蒙，就能知道他脑子里在想什么。

再来观察一下妈妈，她以前从未有过这样的经历，她和西蒙背负着同样的烦恼。她带西蒙去了这家体育用品商店，是因为这家店离他们家比较近，还有其他的商店可供他们选择。此时，她与SportStuff体育用品店之间唯一的关系就是交易——大多数商店都可以服务好这位顾客，除非他们需要将其变成他们的忠实顾客。

如果柯蒂斯认为他的任务是提升顾客粘度，让顾客不再想去其他商店购物，他就会换一种方式来处理上述情况，所以让我们给柯蒂斯一个机会让他成为“具有同理心的柯蒂斯”。我们倒带回去，重新讲述这个故事。

有一天，一位母亲和她年幼的儿子走进一家体育用品商店，边走边就今年踢足球的事情进行讨论，字里行间透露着焦虑。具有同理心的柯蒂斯仔细观察着从门口进来的母子俩，并示意他的新雇员苏跟他上前迎接。

具有同理心的柯蒂斯向妈妈问好：“早上好！欢迎来到SportStuff体育用品店，今天过得怎么样？”

妈妈回答说：“还好，我的儿子西蒙这个星期六开始踢足球，所以他需要一些装备。我还不是特别确定要买什么装备，尽管他们给我列了这份清单。”她给柯蒂斯看了一张照片，柯蒂斯在手机上认真端详了一会儿，点了点头。

具有同理心的柯蒂斯蹲下来平视着这个小男孩。“嗨，西蒙。我是柯蒂斯，你以前踢过足球吗？”

有些犹豫且又明显带有紧张的西蒙回答道："我已经有足球了，我会在院子里踢球。"

"西蒙，我在你这个年纪的时候也开始踢足球了，我记得当时我也有些担心。我不想因为踢球而让腿部受伤，所以我穿上了一些非常好的护胫，就像这样的护胫。"他边说边向西蒙展示如何将护胫系在小腿上。

"我还想以最快的速度奔跑，"拥有同理心的柯蒂斯打开鞋盒继续说道，"这种鞋的鞋底有一种叫防滑钉的东西，可以抓住地面，防止你跑步时摔倒。"西蒙手里拿着鞋子，看起来非常高兴。

拥有同理心的柯蒂斯一直面带微笑，"但是西蒙，你知道的，踢足球最有趣的部分就是加入一支伟大的球队，你和你的队员之间可以相互帮助。所以你想成为身着清爽的绿色制服的团队中的一员，让我们去找一件吧。"西蒙和柯蒂斯在一起时感到非常舒服，他迫不及待地跟着他走到衣架前。

妈妈低声对苏说："我不得不承认西蒙对踢足球感到非常焦虑，我想他现在感觉好多了。"柯蒂斯向身着一件崭新的、大号的足球衫的西蒙展示如何踢球，妈妈和苏在一边观看。

"我想西蒙肯定没有问题。"苏笑着说。

现在柯蒂斯正在做他真正需要做的工作，那就是让一个小男孩的生活变得丰富多彩。这样做的同时，他也结交了一些朋友，他们会一次又一次地回购。在一个体育用品商店林立的小镇上，你认为妈妈将来会在哪里购物？一旦她告诉她的朋友们，她们在这家体育用品店有一个和小西蒙相处非常好的人，她的朋友们也会去那里购物。

第二种场景下，具有同理心的柯蒂斯做了什么不同的事情呢？他平等地和小男孩进行交谈，他解释了这些产品的价值，并演示了如何使用这些产品，从而打消了男孩和母亲的后顾之忧，这些行为都是典范。但是，如果没有仔细观察，不具备同理心，柯蒂斯不可能完成这项工作。仅仅通过男孩的肢体语言和他脸上的表情，柯蒂斯就能猜出他的小客户背后的故事。

这一理念就是先观察，然后再服务。你感受到了哪些未表达出来的情绪？顾客的神态如何？悲伤？匆忙？渴望？犹豫？好奇？还是不知所措？他们的语气怎么样？生气？兴奋？恳求？担心？还是沉闷乏味？通过客户的行为态度获知其背后的故事并不需要太多技巧，但如果想要收获高粘度客户，你就应该多多留心。当你将自己的行为与他人的行为相匹配时，就会发现这些细微的行为，发挥你的同理心，并和他们建立起人际关系。

用温暖的眼神进行交流

作为人类，我们会与那些给我们投以温暖眼神的人迅速建立联系。每一位客服专家都告诉我们，要直视客户的眼睛。从直觉上看，眼神交流对于建立人际关系至关重要。虽然这是常识，但人们并不都会这么做。此外，如果我们想建立一种真诚的人际关系，我们可以让我们的眼神变得温柔并示以微笑来增加温度。想想那些我们几乎没有眼神交流的场景，如果我们让顾客等太久，我们就会失去眼神交流。如果我们花费太多时间摸索产品或处理文书工作，我们就会失去眼神交流。那么我们如何和客户建立联系呢？在线电子邮件、聊天软件、短信，还是电话？那么眼神交流的真正内涵到底是什么呢？

有许多研究已经证实了在线建立联系的困难程度，“越来越多的人采用电子服务的方式，在电子服务环境中如何保持‘人际关系质量——顾客粘度’成了大家热议的问题。”一位学者如是说道。在线的“眼神交流”是指温暖、平静、尊重的语气以及坚守承诺的行为。一位上了年纪的男士在网上订购了一些百叶窗，他对他所购买的商家的“眼神交流”称赞有加，尽管他从未与公司中的任何人见过面：

你的员工莎拉（Sarah）的“眼神交流”做得非常好。她告知我，我订购的百叶窗已经发货，她跟我联系是确认一下我收到货后对商品是否满意。当我发现商品有些问题时，她一直和我保持联系，从重新下单，到提供发货运单号，到登录你们的网站，再到你们发给我的使用说明，你们一直和我保持着“眼神交流”。看到一个高质量的企业在这个疯狂的经济中仍然能够蓬勃发展，真是太好了。这是因为你们做了应该做的事，你们让像莎拉这样的人与顾客保持着“眼神交流”。

专家告诉我们，如果不与客户建立牢固的情感纽带，企业就无法提高客户粘度。客户联系——或者让客户每次与组织联系时都能感觉良好——应该取代过时的“客户关系管理”程序。每一次与客户的互动都能有机会与他们进行眼神交流，并与他们建立更为紧密的联系。印度作家法拉兹·塔基说：“眼神交流比言语更为亲密。”

你的团队通过温暖的眼神交流与客户建立联系的一致性如何？有些人会条件反射来逃避与他人的眼神交流。如果有必要，努力克服这种条件反射，努力给每个人投以温暖的眼神。

认可他人

一天晚上，一位男子去了一家餐馆，站在接待处等待，餐馆的主人正在和几个服务员聊天。他冲他们笑了笑，清了清嗓子，等着。大约过了一分钟，他才意识到自己不知怎么就成了隐形人。工作人员之间的谈话内容并不是特别紧急的事情——他们在开玩笑——但显然比一位顾客心甘情愿地站在那里等待服务更吸引人。

最终他开口问道：“对不起，你们有空桌吗？”他们三个人这才抬起头来，面面相觑。他们大概花了一两秒钟才想起他们现在还在工作，最后总算给他安排了一张桌子。你自己也可能偶尔会遇到这种糟糕服务的经历，忽视顾客，不点头也不微笑就匆匆从顾客身边走过，让顾客久等的工作人员是在一点一点地消磨着顾客粘度。

任何客户都应该是隐形的吗？如果有客人去你家拜访，你会不会也无视他们的存在？你的团队对那些付钱向他们请求帮助的客户关心程度如何？明尼苏达州圣保罗市的客户服务经理伊丽莎白·慕尼黑（Elizabeth Muenich）在一次谈话中分享了她如何让她的团队把认可每一位顾客并与他们建立联系作为头等大事的经验：

> 让我的员工在工作日内抽出一定的时间与我们的承包商、企业主和居民进行交流。在当今社会中，与监管机构打交道被认为是一件很难的事情，被繁文缛节和各种争斗搞得焦头烂额……我们的员工每天都在建立人际关系，在我们的城市中建立合作伙伴关系，而不是冲突和分离。

我们去过一些繁忙的场所，在那里一位优秀的服务人员可以同时与6个客户互动联系。有时候，只需要一个微笑和一句真诚的“我马上就来”，就能与客户建立联系，真的不需要做很多事情。如果我们对站在我们面前的客户都不认可，我们就无法表现出同理心，也无法与客户建立联系。

随叫随到，但不要寸步不离

一旦与客户建立了真诚的人际关系，我们将经常在他们光顾我们企业时向他们提供支持与帮助，这并不需要我们全神贯注地关注他们，也不意味着寸步不离。

我们知道有一家家具店，每到一个拐弯处，顾客就会碰到一位急切推销的售货员。这家商店非但没有提升顾客粘度，反而因其让顾客难以自主选择而臭名昭著。把握向顾客提供多少帮助以及对他们需要多少空间做出正确判断有时是一件非常棘手的事情，最好的做法是随叫随到。与顾客进行亲切的眼神交流、微笑和问候，然后告诉他们你随叫随到，“如果你需要什么，可以招呼我，我就在那边。”并且隔一段时间确认一下他们是否遇到了什么问题。但是，通常要注意保持距离，避免闯入他们的私人空间从而导致他们感到不舒服。

对于电话服务或网络服务，随叫随到是指在处理问题时要定期确认，确保你的客户知道你的名字，如果他们需要额外的帮助，他们可以直接与你联系。如果他们后续还有其他需求，请他们与你联系。

■ 领导者实践——真诚的人际关系

皮特·马修斯（Pete Matthews）是加拿大一家大型连锁店的经理，他在这个职位上任职的第一个年头过得非常凄惨。他本以为他的工作是管理数字和提高业绩，但过了一段时间，他意识到事情并非如此：

我完全专注于KPI（关键业绩指标）——投资回报率（ROI）、注册转化率（CR）、资金周转周期（CCC）、产能利用率（CUR）、订单交付周期（OFCT）、准时及时送货率（DIFOT）——我负责二十多个不同首字母组合的指标。每天，我都要按一份巨型的检查清单来检查各个条目，当他们在这个、那个和其他方面的数字没有达到预期时，我就会时不时地对我的部门主管大发脾气。

这样的情况维持了大约半年之后，我意识到了一些问题。我对所有的人都不了解，我有几十名雇员，我无法叫出他们的名字。在这里，我和我的员工一起工作了几个月，你若问我关于他们的任何事情，我一无所知。客户呢？我对他们也一无所知。如果不看员工徽章，我连员工和客户都分不清楚。我专注于数字和各种比率的时间太长了，以致我竟完全无法与人建立起联系。

一天早上，我召集了所有的部门负责人，拿出了一份KPI。“这上面的数字让我也让你们担心得要死，它们既没有变好，但也没有变坏，所以我不再为它们操心了。”我把这些纸扔进了垃圾桶——这似乎有点过于夸张了，但这是我宣布摆脱KPI束缚的一种方式。

“从现在开始，我们之间要相互了解，我们还要了解我们的客户。我相信如果我们彼此忠诚，善待对方，这些数字就能自理。”大家都笑了。一开始有些人并不相信我，但接下来我不再过多地谈论KPI，而是花时间与员工和客户交朋友。我询问了他们的家庭情况以及他们的喜好，并对他们有了很好的了解。顾客们在商店经理走到他们面前，只是聊家常消磨时间时，看起来有些惊讶。但仅仅几个星期后，我就认识了很大一部分顾客，并且记住了他们的名字。

然而，最值得骄傲的是我和我的团队的联系，我们成为了朋友——在某些情况下，甚至是亲密的朋友——在我离开那份工作多年后，我仍然认为与那支团队共事是我一生中最美好的一次经历。

哦，KPI一直不断提升。

皮特的员工对团队的粘度影响了他与客户的私人关系，当然，皮特并没有忽略KPI，但在所有的数字中，最令其自豪的是顾户粘度。在他管理这家店的三年里，这个数字稳步上升，原来他的心意的改变是会传播的。

作为领导者，我们有时会在那些试图通过脚本和检查表来强迫人们联系的组织中工作，以一种能够限制真诚联系的方式来简化过程。大多数团队成员都能达到预期，但只有极少数人会超出期望，建立起真正高粘度的人际关系，加倍努力让这种联系成为一种合规的文化。如果我们转而关注与客户的联系，在与员工的联系中复制这种行为，并通过信任员工自然地建立人际关系，我们就创造了一种重视人与人之间真诚联系的文化。美国西南航空公司的空姐在飞机起飞前通过唱歌的方式广播注意事项，不仅传达了重要的安全信息，而且是以一种建立真诚人际关系的方式传达了这些信息。

碰头会3——真诚的人际关系

让别人知道你关心他们，随时都可以提供帮助。

1. 赞扬

赞扬那些对客户或同事表现出同理心的人。

2. 学习

（1）人们如何假装建立联系？

（2）是什么阻碍了我们与每个人的联系？

（3）我们需要改进哪些联系方式？

（4）即使在我们很忙的时候，我们如何对他人表示认可？

3. 承诺

与客户建立真诚的人际关系。

4. 安排后续会议

确定第四次碰头会的日期/具体时间，以及由谁来主持。

第4章 倾听背后的故事

但愿我们能带着渴望被倾听的热情去倾听。

——哈丽雅特·勒纳

有一天，我们的一个朋友头皮感到一种奇怪的疼痛，那种感觉就像有人用一根铁丝划破了他的头皮。他给医生打电话求助，但是她不在。他被建议去当地的急症护理诊所就诊，在诊所里，我们的朋友发现其周围满是发烧、咳嗽和胃痛的病人，每个人看起来都非常悲惨。在接待处，一位严厉的女士询问了他的保险问题，并告诉他“请坐”。

痛苦地等待了一个小时后，然后听到一个尖锐的声音在喊他的名字，他跟着一个身着绿色手术服的男人走进一个冰冷的小房间。“你感觉怎么样？”那个人淡淡地问道。我们的朋友开始倾诉他的遭遇——他醒来时感到头上似乎被刀划过一样。他有着长时间的鼻窦炎病史，所以他怀疑是老毛病又犯了。他甚至知道长期以来困扰他的传染病的名字：流感嗜血杆菌。绿衣男子对这些似乎不感兴趣。“我不是医生，”他打断我们的朋友，没有让他继续说明自己的病史，“我只负责给你测一下血压。”

让我们暂停一下这个故事。到目前为止，我们的朋友在接待处和身着绿色手术服的医生助理那里感受到同理心了吗？此时他们建立真诚的人际关系了吗？有没有人真的对他的故事感兴趣？

故事继续。

血压测量完之后，那个医生助理一声不吭地走了，把我们的朋友独自留在那间狭小、冰冷的房间，足足半个小时后，医生才露面。医生看起来非常忙碌，你可以想象一下，毕竟有那么多病人在等待治疗。草草交流了几句后，医生就断言我们的朋友得了带状疱疹，然后从他的便条本上撕下一张处方，把我们的朋友打发走了。

再次暂停思考一下——我们的朋友在急症“护理”诊所遇到的三个人都没有同理心。当然，他们确实都很忙，但是，建立一种温暖的人际关系需要多长时间呢？不倾听会付出什么样的代价呢？

我们的朋友按照医生开出的处方，服用了药，但是他的疼痛丝毫没有得到缓解，医生没有花点时间去了解他的鼻窦炎病史。出乎意料的是，几周后，他因急性鼻窦脓肿而被送往医院，这次病情威胁到了他的大脑。这个急症护理诊所没有向我们的朋友表现出任何同理心，也没有尽到解决他真正问题的责任。

我们认为，这位医生的严重疏忽既不是由于无能，也不是出于恶意。和我们许多人一样，这位医生面临着一项几乎不可能完成的任务，那就是应对太多的需求，而且他只是想表现得更有效率。当我们与人打交道时，效率也有负面影响——我们可能不会花时间去表达同理心，真正倾听。

哈佛大学医学教授乔舒亚·科索斯基（Joshua Kosowsky）博士表示：“帮助患者的关键是一起努力得出诊断结果，而诊断的关键就在我们面前：它在于我们的病人以及他或她的故事，而不在于处方，处方只是为了让顾客减少一两个症状。”当组织为了提高工作效率而标准化客户服务时，同理心就有可能被弱化。在追求效率的过程中，我们都倾向于不去倾听客户个人的意见，并假设大多数客户都有类似的诉求。

正如作家迈克尔·贝西·约翰逊（Miachel Bassey Johnson）所说："一个好的倾听者总是全神贯注，不仅为了获知信息，而是为了从中受益。"因此，我们在此关注的技能不仅是为了获知信息的倾听，而是能够受益的倾听。

如果不倾听，组织会为此付出高昂的代价。丹·博宾斯基（Dan Bobinksi）的观点："在组织中，每天都有数百万美元的损失是因为不倾听造成的……"低效的倾听会产生各种假设和误解，而这些又会导致错误、无效决策以及/或者代价高昂的失误。从个人层面来看，不善于倾听会伤害彼此感情，丧失团队凝聚力，这会进一步恶化信任，削弱沟通。

根据SIS国际研究（纽约）报道，70%的中小型企业由于不注重有效的倾听和沟通而发生亏损。例如，他们估计，一家拥有100名员工的企业，平均每周会花费17个小时的停工时间来进行沟通，这意味着每年的成本额外增加50万美元。

就个人而言，当我们听不进去的时候，我们不仅错过了通过联络以及从别人的故事中学习来表达同理心和赢得忠诚的机会，而且我们也不能充分满足富兰克林·柯维所说的人类最伟大的需要——被理解的需求。

至此，想必大家不难理解倾听并从中受益对粘度思维的重要性了。

■ 愿意倾听是什么样子

通过建立真诚的人际关系，倾听学习，我们能够发现他们的故事，然后我们可以感同身受并表达我们的同理心。你可能会想 ："我们没有时间去倾听每个客户的故事。"但富兰克林 · 柯维传授给我们的是 ："与人打交道，欲速则不达。"如果我们真诚地想要获得他们的忠诚，那么放慢脚步，倾听并从中受益，通常是值得的。

当然，这需要你能意识到什么时候去做。想想有多少人在一家店里来回转悠，花费的时间比他们预期的要长，只是因为他们找不到他们想要的东西——在这个例子中，我们把这个东西暂定为鞋带吧。也许客户有些羞怯，不敢找客服人员帮忙（具有讽刺意味的是，因为那个人看起来太忙，无法提供服务）。当顾客鼓起勇气向他/她提出求助时，客服人员可能会有些吃惊，然后进而思索 ：我们把鞋带放在哪儿了？

但是，如果你是一位富有同理心的服务人员，看到有位顾客面露难色，那么你会立刻停下来问 ："你好！有什么需要帮忙的吗？"

"哦，我在找鞋带。"

"好的，我来告诉你在哪里。你为什么想买鞋带？"这也许听起来有点荒谬，但实际上它给了你一个倾听学习的机会。

"我的孩子又把鞋带穿断了——今天下午他要参加一场重要的比赛。"

你可以向他介绍你刚刚入库的新款弹性鞋带，更重要的是，当你带着顾客去鞋带柜台的路上，你可以如此说道：“哦！那太令人兴奋了，你一定为你的儿子感到骄傲，他打什么位置？”

“他是一个投手，但是他最近上场时间并不多，因为他上星期胳膊受了伤。”

“听到这个消息我感到非常遗憾，今天下午是一场重要的比赛，我觉得他心里一定不好受。”

这就是倾听学习的技巧，通过这样做，你会对别人的故事有更多的了解，也会表达出同理心。倾听学习不仅仅是一种技巧，这是真正想要学习的结果，只有足够关心另一个人，才会交流并倾听。

当然，“倾听客户心声”是商界最常见的陈词滥调之一，每个人都知道我们应该倾听顾客的意见。然而，我们经常听到别人说话，却不知道他们所说的话背后的含义。

顾客：“我在找鞋带。”

你：“没问题！鞋带在12号通道。”

看到了吧，你听了，但是没有通过倾听来从中受益。

我们中的许多人都自认为自己的倾听水平高于平均水平，我们通过管理培训、婚姻咨询或阅读一本优秀的商业书籍学习了如何倾听，我们已经学会了积极倾听的技巧。在倾听的过程中，我们需要全神贯注，并通过面部表情及言语给予回应。积极倾听是一项重要且有用的技能，但如果我们的真正意图不是理解他人，那么倾听看起来就带有虚假的成分，人们往往是可以看穿这一点的。

倾听学习来自发自内心的想要真正理解别人的渴望。我们越了解，就越能帮助他们；我们帮助他们越多，他们就越有粘度。我们在第2章中讨论的同理心思维方式会让我们产生倾听学习的行为，因为我们想要通过联系来理解其他人的故事。倾听——学习行为根植于同理心原则，因为这关乎充分理解他人以及他们的故事。我们将“故事”定义为一个人的情感、知识、经历和观点——是需求背后的一种叙述。

■ 不愿意倾听是什么样子

如果我们在等待自己发言时，假装倾听，或心不在焉，是不会获得人际粘度的。我们很容易就能发现人们有没有在倾听我们说话，他们会试图说服我们，打断我们，或者干脆无视我们所说的话。在客户服务中，这些行为都被认为是非常粗鲁的，但这并不是我们所说的虚假倾听。

反而，当我们假装在倾听的时候，会产生虚假倾听，只是此时在我们的脑海中会闪过各种其他的事情。当我们思考我们的回复而不是真正试图理解对方的话时，或者当我们假设我们已经知道了别人在想什么，因此，我们就不再全神贯注，在点头表示认同的同时会查看手机屏幕或者同时发短信，这些都是虚假倾听。

“低头族”（phubbing）这个词是在2012年创造的，用来形容人们喜欢用手机冷落某人的习惯。贝勒大学市场营销学教授詹姆斯·A. 罗伯茨（James A. Roberts）对450名美国成年人进行了一项研究，发现46%的受访者说他们的伴侣是低头族，23%的人说这影响到了他们的关系。事实上，当我们忙碌、有压力的时候，诸如低头族之类的虚假倾听的行为就会趁虚而入。

■ 为什么会从倾听中受益

克里斯汀·里奥丹（Christine Riordan）观察到：

> 通常情况下，领导者会倾向于掌控局面、直接对话、讲得多，并且还会考虑接下来要说什么来进行辩护或反驳。此外，领导者通常会快速回应，在交谈过程中容易分心，或者没有时间去倾听他人。最终，领导如果非常强势，如果他们同时处理多项任务，如阅读电子邮件或短信，或者如果他们自己的自我意识太强，都会使得倾听的效果大打折扣。

赖尔登发现，许多人不会倾听学习的三大原因分别是：

- 倾听不属于工作范畴。
- 总是分心，听不进去。
- 自我意识作祟。

倾听不属于工作范畴

如果调查结果是准确的，那么倾听学习不被重视是因为："这太耗费时间了，且效率不高，我有比站在这里听你说话更重要的事情要做。"根据共同体建设专家的说法，我们有一个误区，即认为"倾听降低了工作效率"。

我们是否认为，如果我们花太多时间倾听别人说什么，我们就是在"浪费时间"，也就降低了"工作效率"了呢？也许是吧，如果我们只用我们有多忙碌来衡量工作效率的话。如果我们看一下我们负责的工作指标，"花在倾听上的时间"很可能不在其中。只要我们只通过跟踪这些数字来定义工作效率，那么我们就会继续疯狂地忙碌，把重点放在疯狂上。

如果提高客户和员工的粘度对我们来说真的非常重要，那么倾听学习可能是我们做的最重要的工作之一。

总是分心，听不进去

我们被手机、平板电脑和其他科技设备左右，以至于听不到别人在说什么。当我们考虑到几乎在所有的情况下人们都会被各种设备的各种叮咚声所包围时，人们抱怨自己的声音没有被听到也就不足为奇了。一位研究过医院交流状况的研究人员指出：

病人问医生和护士为什么不听他们说话，“同样的问题我已经回答好几次了，但是他们还是不停地问。”护士们想知道为什么医生和管理人员不听他们的反馈，医生和管理人员想知道如何让护士们听到他们的意见。我们知道对病人和护士来说“大声说出来”是非常重要的，但是我们怎样才能确保有人在聆听呢？

当然，要同时平衡不同来源的各种事物是非常困难的。我们正在和别人说话，电话响了。我们该怎么办？对于这个问题，是没有一个简单的“正确”答案的——环境不同，公司政策和个人舒适度也不同。在做出这个判断的时候，记住要有同理心思维，以及如何建立真诚联系的技巧。“谢谢您的来电，我可以请您稍等一下，我先帮一下我面前的另一位客户吗？”这样一来，可能会取得一个较好的平衡。当我们把分心作为一个关注的焦点时，我们就会陷入麻烦中。

自我意识作祟

保罗·班尼特（Paul Bennett）是著名创新公司艾迪欧公司（IDEO）的高级创意总监，在保罗还是个经理的时候，他曾经说：

我一直认为周围世界会对我的一切更为感兴趣，而我忽略了对它的感知。所以，我大部分的时间都在表达我的想法，通常是一种相当无知的方式，急于表达自己的想法，一直琢磨的是我要告诉大家的内容而不去听他们所说的内容。

耶鲁医学院的丽莎·桑德斯博士说：

大多数患者都有一个故事要分享……但是事实上病人不太可能有机会讲述这个故事，医生经常在病人讲完故事之前就打断他们。

研究表明，医生们平均听16秒左右就会打断他们，这是因为自我意识太强吗？还是想要提高工作效率？或者是因为他们过于劳累？

威廉·奥斯勒（William Osler）博士是一位非常受人尊敬的内科医生，他被大家誉为“现代医学之父”，因为他是第一个坚持让医学院学生离开课堂，与实际病人交谈的医学教授。他说：“了解病人比了解病情重要得多。”这是一种多么美妙的情感，在我们追求忠诚的路上适用于我们所有人。

■ 如何从倾听中受益

我们可以通过以下四件事情来实现倾听学习：

- 在对方结束讲话之前保持沉默。
- 用你的耳朵、眼睛和心灵去倾听。
- 不要担心如何回答——关注理解。
- 复述刚说过的内容，以确认理解正确。

在对方结束讲话之前保持沉默

桑迪说，他的父亲经常建议家庭成员在生活中要注意听和说的比例。说起来容易做起来难，尤其是在对话中注入情感时更是如此，这中情感可能是愤怒、兴奋、沮丧或高兴。保持安静，直到对方把话完全讲完，这需要何等的自律。但这可以通过练习来掌握，而且在与他人交流时，真诚地关心他们的想法和感受，这将非常有帮助。

用你的耳朵、眼睛和心灵去倾听

我们已经讨论过眼睛在建立温暖的人际关系中的重要性。当我们说“用心倾听”的时候，我们的意思是你能体会到自己的感受并能抓住所说的话的内容，这种行为根植于同理心。中国汉字中的动词“听”（聽）就是由耳朵、眼睛和心的符号组成的，如果你只是用耳朵听，你能获知内容，但是你不可能体会到任何感觉。如果你也用眼睛和心灵去听，你就会听到人们所说的话以及这些话的真实含义。所有这些符号都表明，真正倾听意味着全神贯注，实现真正的理解。

富兰克林·柯维指出：

当你带着纯粹的渴望去倾听的时候，就会惊叹于人们敞开心扉的速度。他们想要敞开心扉，一层层敞开——那种感觉就像是在剥洋葱。

我们的一个朋友分享了一次他去波士顿参加一个重要会议的经历：

一天早上，由于严重的交通堵塞，在我气喘吁吁地走到登机口时，我要乘坐的那个直达的跨国航班的舱门刚关上几秒钟。当然，航空公司的政策是，一旦舱门关闭，任何人都不能进入。

“对不起，先生，舱门已经关闭了。”

“但是飞机还在那里，你们刚刚把舱门关上，拜托了，你能不能给我破一次例？我今天下午要去波士顿参加一个重要的会议。”

“不能，先生。”那位身着衬衫制服的工作人员一本正经地说道，“我们在广播里喊你的名字已经喊了十分钟了。你还是不能准时达到，我们也无能为力。”他的冷漠无情，让我陷入绝望。

“下一班去波士顿的飞机是什么时间？”我焦急地问道。

“得到十一点钟。”还有整整三个小时。“你得在芝加哥中转。”情况变得越来越糟。他一言不发地盯着电脑，终于让我妥协办理了下一班航班。当我痛苦地准备去开启我的三个小时的漫长等待时，我本可以保留一点同理心。然而，此时我听到登机口服务人员冷冷地对我喊道：“你把钱包落在这里了，除非你想让我花掉你所有的钱，否则你应该立刻把它拿走。”我走回去，拿起钱包，气呼呼地坐在那里，直到下一班飞机起飞。

当我到达芝加哥时，我意识到我乘坐的这班飞机因天气恶化而延误，因此，我几乎没有可能及时赶到波士顿参加会议。我去了航空公司的服务台，想看看是否还有其他的选择可以让我至少去波士顿，哪怕出席一部分会议也好。我排队等了很久，当我开始向服务台的工作人员说明我的情况时，他竟然把手摆在我的脸前，就像一个停车标志。“帮不了你。”他说道，然后耸了耸肩，转向了队伍中的下一个顾客。我因为错过了会议而感到非常窝火，于是抓狂般地决定换一家航空公司。

在2号航空公司，服务台的工作人员是一位和蔼可亲的女士，她完整地听了我的故事。“听起来您今天上午过得非常糟糕，让我看看我能否为您做什么。她检查了系统，结果发现——唉！——还是没有办法能够让我及时赶到波士顿参加会议。

“不过，先生，”她满面笑容地说道，“我们的旅客休息室就在那边。虽然我们无法让您亲自去参加会议，但我们可以让您远程参加。休息室里非常安静，我们备有各种设备，可以让您和波士顿的同事取得联系。”

“哦，但是我不是你们家的高端客户。”我插嘴说道，觉得她可能理解有误。

“我知道，”她笑着说，“很高兴能帮您接通会议现场。”

她甚至帮我做得更多，她取消了我原来的航班，并为我订了当晚的回程机票。这样我既参加了我不能错过的会议，还轻松地返程回了家。

2号航空公司的女工作人员也可以像1号航空公司的男工作人员一样把我朋友撂在一边，她也可以选择说“没有其他办法”，然后像前两位一样，再也不搭理他。相反的是，她选择了施以同理心，沟通和倾听。她用耳朵、眼睛和心灵倾听。只有花点时间倾听，她才能产生同理心，帮助我们的朋友解决他的问题。想想她付出了多少——几分钟的时间？你和你的同事在践行这种同理心时又能付出多少呢？接下来的事情就不足为奇了，自从这次经历之后，我们的朋友会尽可能选坐2号航班，避开1号航班，一次经历提升了一位客户的粘度。当然值得花几分钟来倾听一下，了解情况。

不要担心如何回答——关注理解

许多关于如何倾听的建议都会提到要保持安静，集中精力去理解对方。当然，这是一个非常好的建议，尤其是当我们在沟通遇到困难的时候。在提升客户粘度的过程中，我们也想让其他人开口说话，因为这是我们了解他们背后所隐藏故事的唯一途径。无论是出于社会条件的限制、本性害羞、时间压力还是精力分散等缘故，客户在简单的交易过程中通常不会闲聊。想象一下这样一个交易场景："你找到你想找的所有东西了吗？"回答是："还没有，我在寻求更好的生活，我在寻找幸福，我在寻找几年前失去的激情。"好吧，也许这个例子有点极端，但我们确实想从客户那里得到真实的回应。

著名的精神病学家马克·古尔斯顿（Mark Goulston）是倾听方面的专家，他认为积极倾听可以更好地让人们开口说话，而不是保持沉默：

> 我有这样一个假设，那就是要控制自己的情绪和任何让你分心的事情，这样你才能全身心投入。但实际上（这只是）让其他人讲话，与你分享存储在他们脑海中的信息，只是他们之前没有披露过……这个过程的关键是帮助他们谈论对他们来说最重要、最关键、最紧迫的事情。

我们喜欢这种说法：“对一个人来说，什么是最重要、最关键、最紧迫的事情？”如果我们能解决这个问题，我们就能真正满足客户的需求。

那么，我们如何为人们创造交谈的机会呢？通常非常简单：向他们提出一个问题。事实上，提出合适的问题不仅能引起对话，还能让我们倾听学习。我们可以采用以下三种类型的问题来发起与客户的对话：简单的、开放的和亟待解决的问题。

提一些简单且友好的问题。“要用来做什么？”“你打算用这个（产品）做什么？”或者采用老生常谈的问题“最近怎么样”？让问题尽可能简单和真诚，这样才能得到故事。

提开放式问题，而不是封闭式问题或者是非题。如果你提出的问题是是非题，那么你得到的答案就是：“是”或“不是”。“你找到你要找的东西了吗？”这就是一个是非问题。它不需要进一步交谈，除非答案是否定的——这种情况比较少。不要问“现在在做项目”？这就是是非问题。相反，你应该问：“你在做什么项目？”这样就发起了对话。

提亟待解决的问题。亟待解决的问题可能是那些重要、关键和紧迫的问题。例如，“你想解决什么问题？”“你希望完成什么？”“你目前面临的最大挑战是什么？”“你能再分享一下你对这个问题的看法吗？”“这是我的建议，你有什么想法？”

一旦提出了问题，我们就要把对话完成。如果我们不关心问题的答案，只会降低客户的粘度，而不能提升粘度。为客户服务不是要做漫无目的的闲聊，通常顾客也不需要这样漫无目的的闲聊，但他们对我们愿意倾听且表现出同理心非常感激。

复述刚说过的内容，以确认理解正确

我们想让人们开口说话，我们打开了话匣子后，几秒钟后就结束对话那就毫无意义了。我们在倾听学习，所以与其马上给对方一个解决方案，不如通过同理心式倾听方式来让对话持续下去。同理心倾听是一种技巧，既反映了一个人所关心的内容，也反映了他或她对此的感受。这个过程可以神奇地揭示一个人的真实想法，并且当说话者带有情感时，这也是一种关键的技巧。

用你自己的话去复述别人所说的话，会让你对别人说的话的内容以及感受有更深入的了解。顾客可能会对其购买体验感到愤怒，也可能会感到兴奋。对于即将发生的业务变化，同事可能会感到害怕，也可能会感到满怀欣喜。观察他们的感受，认真倾听他们所说的话。然后，用你自己的话把他们所说的复述出来。你可以选择只反映他们所说的情感，或者内容，或者两者都反映出来。

同理心倾听反馈

你感到 ________ **关于** ________

愤怒，沮丧，激动，
悲伤，恼怒，被忽视，
紧张，快乐，被误解，
犹豫，愚蠢，心烦，
郁闷，压抑，不尊重，
情绪化，困惑，尴尬，
不确定，无语，热情

内容、主题或含义

让我们举个例子来说明：

一位顾客刚从你那里买了一件东西，结果第二天它就以五折的价格开始销售，她脸色铁青。“如果我再等上几个小时，我就能以半价买下它了。你一定知道它要降价了，这真是太荒唐了！”

向她辩解或者是搬出政策都不会产生忠诚，相反，你可以这样说：“你因为没拿到打折的价格而感到沮丧了吧？”这种反应在一开始可能听起来有些奇怪，但它验证了客户的感受。这句话向她发出信号，表明我们理解他们的初衷，我们不会质疑她的感受，而且，会让她继续说下去，直到问题被完全暴露出来，她的情绪才会缓和下来。最后，如果我们承认并加以确认，而不是在我们之间画出一条我们必须捍卫的战线，这也会减轻我们自己的焦虑。此外，我们并没有考虑我们会如何回应：我们只关注于如何理解她的处境。

在此基础上，你接下来如何解决问题取决于许多因素——策略、时机、环境等——与通过同情心倾听来理解客户相比，解决问题是次要的。

当我们不确定对话会产生什么样的结果时，我们可能会犹豫是否该与同事或客户进行对话。这个客户会把他或她离婚的细节告诉我吗？我的同事会提出另一个问题吗？坐在我前面的人会问我一个我不知道如何回答的问题吗？就粘度思维来说，谈话内容越丰富，提升人际粘度的机会也会越多。与其担心潜在的结果，不如直接提出问题，看看结果如何。

倾听会让我们进入别人的参照系，我们透过它看世界，我们以他们看世界的方式看世界，我们理解他们的思维范式，我们理解他们的感受。如果我们的目标是建立和保持忠诚，我们必须感同身受，沟通，倾听别人的心声与需求。倾听学习的技巧可以让我们获得关于客户和团队成员的丰富信息，我们能更好地帮助他们，增加他们对我们关系的信任。

■ 领导者实践——倾听背后的故事

对员工的调查通常会得到这样的反馈：

- “似乎没人知道发生了什么。”
- “没人听我说什么。”
- “我们的领导者只是假装在听我们的意见，他们早已经决定做什么了。”

- “我不知道我的经理在想什么。”

作为我们公司的领导者以及其他公司的顾问，我们从来没有遇到过有人说：“哦，沟通？是的，我们已经搞定了，我们已经很擅长沟通了。”事实上，91%的员工说他们的老板不听他们所说的话。不倾听的影响是巨大的——当我们的员工发表意见而我们没有倾听时，我们不仅会在文化、员工忠诚度和员工敬业度方面，而且在创新、合作和解决问题时都要付出一定的代价。

成为一名领导者是一种独特的经历，执行团队希望你解决问题，你的团队期待着你的答案。我们获得报酬的目的是要完成工作，这里就存在了我们都知道答案的假设，因此，领导者倾向于表达而不是倾听。但是，正如我们在本章中所讨论的，倾听是理解我们的员工和客户的关键所在，也是提升人际粘度的关键一步。

碰头会4——倾听背后的故事

倾听并获知背后的故事，不要担心或思考如何回答问题。

1. 赞扬

赞扬那些与客户建立真诚关系的人。

2. 学习

（1）通过倾听我们真正想获得什么？

（2）我们需要改进哪些倾听学习准则？

（3）“用耳朵、眼睛和心去听”是什么意思？

（4）我们如何在没有解决问题的情况下确认理解？

3. 承诺

倾听并获知一位客户的故事。

4. 安排后续会议

确定第五次碰头会的日期/具体时间，以及由谁来主持。

PART THREE

第三部分

责任心原则

通常，我们赋予团队成员的责任越多，他们对作为领导者的我们就越有粘度。回想一下，你曾经遇到的一个领导，他信任你，授权让你为某项工作、某个需求或某位客户负责。当别人信任我们时，我们就会振作起来。当团队成员知道我们信任他们可以很好地与客户打交道时，他们就会对客户也会对我们承担起更多的责任，他们会更专注于工作和解决问题。

第5章　**责任心原则**

责任心：用心、用脑和用手去解决问题的承诺。

——约翰·米勒

责任心原则是粘度思维的三个核心原则中的第二个原则。

表现最佳的企业愿意为我们的问题、需求以及他们与我们的关系承担责任。他们会在门口迎接我们，他们会立即回复文本，他们会接听电话。他们向我们表达同理心，为满足我们需求而工作，然后跟进以确保工作进展无误。所有这些都表明我们对他们至关重要，这对赢得我们的忠诚大有裨益。

同理心是一种通过理解他人，让他们感到自己备受重视的原则，而责任心则是基于对他们的理解，对帮助他人实现目标的行动负责任的原则。表现出同理心而不表现出责任心是很难提升人际粘度的，更不用说赢得他们的爱了。

想象一下，客户服务人员真正为你负责的场景是什么？他们做了什么样的事情来表明他们是有责任心的？你对此的感觉如何？

想象一下你为满足他人需要负责任的场景是什么？为一个依赖你的人解决问题的感觉如何？就像同理心一样，责任心对接受者和给予者都有益处。当我们给予他人支持时，它会减少我们大脑中与威胁相关区域的活动，这可能是一种有效的减压方式。当我们承担起帮助他人的责任时，我们自己的压力水平将会下降。

■ 有责任心是什么样子

约翰·米勒（John D. Miller）以如下这种方式巧妙地对责任心进行解析：

责任心：用心、用脑和用手去解决问题的承诺，且绝不追究责任。

用心的承诺意味着我们关心顾客的问题；用脑的承诺意味着我们知道如何去做；用手的承诺意味着我们愿意做必要的事情来解决问题。一位朋友与我们分享了以下这段经历：

有一天，我在纽约离我们的出版商不远的一家店吃快餐，这是我与对方的第一次会面，想给对方留下好印象。因为赶时间，在匆忙落座的时候，我把肉丸三明治倒在了衬衫上，当时我的身上沾满了油腻的番茄酱和帕尔马干酪。我看了看手表，发现离会面时间还有20分钟。我总不能穿成这样走近纽约的一家大型出版社，所以我开始几近疯狂地寻找一个能买到新衬衫的地方。幸运的是，就在离快餐店几家店之外的地方，有一家小型的男装店。销售员很快就了解了我的处境，"别担心，"他带着纽约口音说道，"我保证你能穿着一件崭新的衬衫出席会面。"

他很快给我量好了尺寸，找到了一件适合我尺码的漂亮衬衫，但是这件衬衫有些皱巴巴的。"我可以在两分钟内解决这个问题。"我急得像热锅上的蚂蚁，销售员用破纪录的速度很快地熨好了衬衣，并给我系上扣子。他咧嘴一笑，把我带到街上，拍了拍我的后背，还把会面的地点指给我。事实上，我居然比约定的时间还提前到了几分钟。

到现在我也非常喜欢那个纽约的衬衫销售员，现在不管走到哪里，我都会情不自禁地时不时提起他。他一看到我的困境，就把情况完全掌握了。不需要长篇大论的解释，不需要争论，不需要等待，不需要把我从一个销售员转手给另一个销售员，也不需要安排下属给我熨衬衣。他“接管”了我的所有问题，并在让我损失最小的前提下，发挥他最高效率把问题给解决了。

这是一个多么令人惊奇的具有责任心的实例。不难想象，当我们的朋友沿着街道去参加会面时，销售员也会感到那是多么的自豪和满意。

■ 没有责任心是什么样子

接下来，让我们将上文中的衬衫故事与从客户那里听到的另一个故事进行对比：

我曾在一家精品店买过一双昂贵的步行鞋，这家精品店专门销售矫正鞋。可是买了不到几个星期，我的脚趾就从布料里露出来了。我感到非常惊讶，这双鞋怎么坏得这么快，于是我来到商店向他们反映这件事。经理不在，于是我就向副经理说明了情况，他低头看了看鞋子，耸了耸肩，“是的，这款鞋子会发生这样的情况。”然后，他居然转身离开了。我当时简直惊呆了，从来没有人告诫过我，这些高科技的步行鞋做得如此精致，是不能用来走路的。被嫌弃的痛苦伴着对鞋子的失望，瞬间涌上了我的心头。

耸肩是没有责任心的一种常见表现形式，不一定是真的耸肩——还有很多代表性的方式表达没有责任心。永无止境的电话等待，石沉大海的电子邮件……这些都是没有责任心的表现。不管从字面上还是从寓意上来看，只要耸肩，顾客就会觉得他们没有受到重视。正是这种“不是我的责任”的思维模式让客户粘度毁于一旦，客户粘度需要我们从“不是我的工作”转变到“这全是我的工作”!

除了用耸肩表示没有责任心外，我们还观察到了另外两种避免承担责任的方式，当然，也就错失了提升客户粘度的机会。这两种方式分别是：首先，他们过于关注触点指标；其次，他们建立了我们所说的“迷宫系统”。

对于公司来说，在客户关系中识别我们所说的“触点”是非常常见的——换句话说，就是他们与客户接触的时间。他们对顾客在这些触点上的反应进行测度，从而得到了一个“客户喜悦度”分值。大多数时候，这些触点得分还是相当不错的，因此，许多公司对自己的客户满意度会感觉良好。

但几年前，麦肯锡的研究人员在触点测量方面发现了问题。他们发现，总体上客户体验得分比触点得分低40%左右，事实证明触点只是客户满意的一小部分。

还有哪些内容呢？那就是当顾客离开触点回到他或她的新现实世界时所发生的事情：

- 新买的花园耙子第一次使用就掉头了。
- 新的Wi-Fi路由器只能在小房间里使用。
- 手机账单比预期超出了三分之一。
- 瓶装沙拉酱收到时瓶子破了，但如果想得到退款，必须重新装箱寄回去。
- 理解厨房凳子的组装说明需要花费几个小时。
- 涂在墙壁上的油漆颜色与油漆样片上的颜色完全不一样。

当遇到诸如此类的“事后”情况时，一些顾客只是耸耸肩表示无所谓，他们不会选择劳心费力地反馈、寻求帮助或退货。但我们不要报以侥幸心理，也许他们觉得这个问题不值得大惊小怪，但是这正反映出了他们对我们愿意为他们的问题承担责任的信心有多么不足。在这些关键时刻，为客户的问题、需求、挑战或问题负责是让我们公司区别于其他公司的绝佳机会。公司执行委员会的研究得出如下结论：

> 客户粘度不高在很大程度上与工作量相关——或者付出的精力——顾客为了把他们的问题解决掉要付出的工作量。

让我们以花园耙和它的掉头为例来进一步探讨这个问题。如果耙头是在买回当天没多久就已经脱落了，这无疑会在很大程度上增加了客户的工作量。他不仅要完成之前的园艺任务，而且现在他又多了一项任务：修理耙子，更换一种工具，或者返回商店。这可能看起来是一个微不足道的例子，但它发生的那一天对顾客来讲无疑是忙碌的一天，充满了各种任务，园艺只是其中的一个任务。

让我们倒回到客户第一次进入建材超市的场景，想象一下顾客走进去，询问店员在哪里可以找到耙子。这次，我们这位店员是一位对顾客充满责任心的服务人员，他可能会回答："当然，让我来告诉您它们在哪里，我们有很多耙子可供您选择。您是想耙落叶，还是想用耙子做其他用途？"

事实上，客户打算用耙子把厚厚的土耙走，毫无疑问，这需要一种更耐用的工具。如果客户对耙子了解不够多，就非常容易做出错误的选择。如果客户服务人员出色地向他销售了标准的"树叶耙"，他们可能会得到一个完美的"触点"分数，顾客可能会非常高兴地离开商店。但到了下午晚些时候，当耙子被用来耙开深及膝盖的土壤时，顾客的粘度才有结果，要么建立起来，要么丧失掉。

毫无疑问，我们脑子里一直会想"把这个倒霉的耙子退回去"，如果方便的话，这将是再自然不过的事情，前提是顾客确信建材超市退货以及换货的过程是非常轻松和愉快的。但是，如果顾客对退货或换货有丝毫怀疑的话，他可能干脆把耙子扔掉，但是以后就会选择在另外一家建材超市购物。

根据公司执行委员会（CEB）的说法，对客户负责意味着你“寻找新的方法来摆脱那些导致不忠诚的麻烦、障碍以及给顾客带来的损失”。最快捷、最易合作的公司往往能赢得最高的忠诚度，例如，美捷步（Zappos）在“节省时间”和“避免麻烦”两个方面的得分是传统服装竞争对手的两倍。美捷步的创始人在他去当地鞋店寻找他最喜欢的轻便鞋子时被拒之门外，这也是他创立公司的原因之一，负责任的公司总是在寻找各种方法来减轻客户所承受的压力。

除了错误地关注触点客户服务指标（而不是客户与组织一起完成任务的整个过程）之外，许多公司还创建迷宫系统以提高效率。这些系统的建立可能是为了把客户领到对的部门，但给人的感觉就像逛迷宫一样。虽然在花园迷宫中穿行十分有趣，但在公司“提供帮助”而创建的迷宫中跌跌撞撞就不那么有趣了。例如，出台一些政策以确定何时将问题提交给经理，而经理转而将问题提交给更高级别的经理之前，需要参考一个检查表。想必我们都有亲身体会，也知道这多么令人恼火。我们会发问：“为什么现在和我谈话的人不能解决我的问题？”

我们的朋友布雷克（Breck）向我们讲述了一个他被困在迷宫里的故事：

当时我在伦敦度假，想在一台自动售票机上买一张昂贵的连日地铁通行证，但这台机器将我的钱吞下去后，却没有弹出通行证。我向一名检票员求助，他把我带到一个办公室，让我填了足足4页（真的是4页）的文件，然后告知我，我需要把这些文件提交到位于伦敦另一侧的皮卡迪利车站，因为他们的“客户服务办公室”设在那里。当我赶到皮卡迪利大街时，我发现客户服务办公室已经关门了！于是我四处求助，找到了一名检票员，他将我引荐给一个主管，而这个主管又让我找更高一级的主管。这位主管带着文件离开了，整整过了半个小时后，那位高级主管终于从后台走了出来，把钱退给了我。

由于第一个工作人员帮不了布雷克，所以他被迫在地铁迷宫中穿行，浪费掉了将近两个小时的假期时光。大家都熟悉的另一个令人沮丧的“迷宫”是“电话菜单迷宫”，电话菜单可能会让公司的路由电话变得更容易，但它们一般都会让客户抓狂。波士顿大学的研究人员称，人们讨厌电话菜单足足已经有近百年的时间了（公众舆论“几乎一致持否定态度”），但它们仍然是“客户服务求助最常见的入口”。

大家可能会自然而然地想到一个问题，让一线员工做这么多事情，我们是不是对他们期望过高了：

- 对客户的问题负责？
- 预测客户在使用他们产品过程中的潜在问题？
- 准确匹配每位客户的需求？

这取决于我们如何定义员工的工作职责。如果我们认为他们的角色是承担责任和解决问题，那么每个客户的需求将自然而然地得到满足。

■ 如何培养责任心

弗雷德·赖克霍德表示，客户粘度得分实际上意味着我们在很大程度上丰富了他人的生活，他认为：

> 一个公司的成功真正取决于公司能够丰富多少人的生活。

那么，你和你的团队在丰富他人生活方面有多专注呢？

虽然我们可能无法影响整个组织的系统，但我们能够从个人做起，对我们的客户负责。我们同意作家兼教师大卫·弗里曼特尔（David Freemanle）的观点：

> 个性化服务需要是，与客户的每次互动都要有责任心，并承担起发展和升华与客户关系的责任。

用通俗的话来说，我们需要把客户的责任承担起来——独自承担起来。

杰夫·哈登（Jeff Haden）是《公司》（Inc.）杂志的一位撰稿人，也是一名业余自行车手。几个月来，他一直期待着一场大型比赛。但是，就在比赛前一天，他心爱的自行车坏了，修理工说他能修好。“你什么时候要？”他问道。

“明天就要！”杰夫心烦意乱地回答。

他估计修理工一定会回答“做不到”，然而修理工却反问他：“你为什么明天就需要它？”

杰夫解释了原因后，修理工回答说：“我们这里有一辆（自行车）可以试骑，它的车架大小适合你。它车身超轻，这主要是为了耐力和和舒适而设计的。如果你想租的话，明天可以租一天。”

“我照他说的做了，”杰夫说，“问题解决了。虽然没有顺心如意——但是实现了我到这里来的初衷。”

这是责任心的关键，客户需要达到他们向我们求助的目的。如果他们不这样做，我们就不会为他们的问题负责。“我不需要你来取悦我，”杰夫说，“只要帮我解决问题就好！”

责任是赢得和提升他人粘度的最重要原则之一。首先，花时间去施以同理心，与客户建立联系，倾听客户的意见，然后，对他们的需求负责。我们的一位客户，一位癌症幸存者，向我们讲述了他与两位不同的护士打交道的经历——一位表现出同理心、联系、倾听和责任心，而另一个没有。注意两次经历所带来的不同的影响。

当站在我面前的护士告诉我我得了淋巴癌时，她便以一种精确而有效的方式直接进入了“程序”：

哪些是你要做的，哪些是我们要做的，接下来需要做什么，你能达到什么样的结果，你明白了吗？

好吧，我一个字也没有听进去。在她说了“癌症”这个词之后，我整个人都蒙了。我感觉我的胃里在翻腾，我的生命要结束了。我呆呆地坐着，护士给我讲完她的指示后就离开了房间。我感到震惊，孤独，坦率地说，是害怕。

另一位护士走进房间来接手了我的案子，第二个护士坐下来看着我。“这是最糟糕的，是吧？”然后她听我诉说，我哽咽着，喃喃自语着，最后大哭了起来，我觉得她能体会到我的感受。“我会一直陪着你渡过难关。”她说道。她真的做到了，周而复始。在我接受治疗的某一天，我非常沮丧地躺在那里，她拿着剪刀和一些旧杂志走进我的房间，说：“现在我们把所有欢乐的照片剪下来，贴在图画纸上吧。”

我当时想，“这真是太幼稚了。”但我们一起做了，一边做一边聊一边笑。然后她带我去了儿童病房，我们把照片贴在墙上，让那些身患癌症的孩子们高兴起来。那时，我又觉得自己像个完整的人了。

第一位护士完成了她的本职工作——她很可能非常擅长高效地与病人打交道——但是很明显，她很难与病人做到感同身受，并为病人的需要负责（在那个时候，病人最需要的是安抚）。相比之下，第二位护士立即与他的迫切需要联系起来，她也意识到她的工作不仅仅是医疗保健，还有情感护理。她的善良，她工作时的独创性，以及她对跟进工作的意愿诠释了我们所说的如何对客户负责。

■ 领导者实践——责任心原则

字典中对责任的解释之一：

不经授权独立行动以及做出决策的机会或能力。

作为领导者，我们的责任是创建一个有能力、有权力满足客户需求的团队。

营销企业家彼得·尚克曼（Peter Shankman）讲述了这样一个故事：

在开了一天会后，他回到酒店房间，在浴室柜台上发现了一管崭新的牙膏。显然，是他把那管快用光了的旧牙膏落在了外面，客房服务员注意到后，给他换掉了。在这家酒店，毫无疑问，领导者们创造了一种责任心文化，并授权员工采取行动。

我们对那一管牙膏花费了酒店多少钱无从得知，但我们知道，授权客房服务员，让他们满足了客户实际需求，这让他们收获了巨大的回报。在这个故事中，尚克曼在推特（Twitter）上发布了一张客房服务员留言的照片，后来酒店工作人员告诉他，因为他的推特发文，他们已经追踪到“数千美元”的预订记录。

皮特·马修斯（Pete Matthews）在几家大型连锁商店担任过经理。

“我经常在想，当一个员工跑来跟我商议如何处理客户问题时，我觉得是我做得不够好。我应该赋予员工权力，让他们在不用禀告我的情况下照顾好客户。”皮特的原则是任何员工都应该做任何在他的权限内能做的事情。虽然我们可能想成为一个可以为顾客解决任何问题的经理，但是客户并不想和我们打交道，这就比较麻烦。这就是为什么皮特对他的团队说：“当一个顾客带着问题来找你的时候，那这就是你的责任，而不是别人的责任。”

道明银行（TD Bank）告诉他们的一线员工：

答应对方的时候一个人说了算，拒绝对方的时候找另一个人商量。

换句话说，你被授权答应客户的请求，当你想拒绝客户的请求时，请先与你的经理商量。

你可以通过你的领导力来创建一个高度负责任的团队，如果你要雇用新的团队成员，你可以倾向于那些勇于承担责任的人。

有责任心的团队

作为一名管理者，我们有义务承担责任。我们自己的行为成为我们团队遵循的标准，当他们看到我们为客户问题承担责任时，他们也会自然而然地效仿。

我们的朋友戈登·威尔逊，我们在之前曾提到过他，他管理着一个苹果商店，他就是承担责任的典范。有一天，他注意到一位顾客看上去身体不太舒服，他让她待在他的视线范围内，以便在必要时能上前帮助她。她靠在墙上，脸色越来越苍白。突然，她呕吐了，吐得满地都是。除了戈登，商店里的其他人都愣住了。他毫不犹豫地上前照料那位女士，等无大碍后，他抓起拖把和水桶开始打扫。员工们看到了这一幕，自然而然地也参与了进来，他们知道自己在为一个勇于承担责任的领导工作，他们也会效仿他的行为。

通常，我们赋予团队成员的责任越多，他们对作为领导者的我们就越有粘度。回想一下，你曾经遇到的一个领导，他信任你，授权让你为某项工作、某个需求或某位客户负责。当别人信任我们时，我们就会振作起来。当团队成员知道我们信任他们可以很好地与客户打交道时，他们就会对客户也会对我们承担起更多的责任，他们会更专注于工作和解决问题。

盖洛普发现：

如果我们的员工参与到我们的业务中，我们的客户粘度可能至少会提高10%，营收可能会提高20%。如果我们处于员工敬业度排名的前四分之一，我们平均比后四分之一的团队的营收会高出21%。

我们应该在多大程度上授权信任团队成员让他们对客户负责？我们并不是建议你把所有权力都下放给新员工，并希望他们为你解决一切问题。我们认为，你应该对环境和员工进行评估，设定非常明确的期望值，为你的团队配备资源并设立框架，然后让他们去完成既定工作，不要徘徊不前，不要反复检查每一步。

斯蒂芬·柯维（Stephen M. R. Covey）指出：

与那些只相信自己的微观管理者……一起工作会令人意志消沉。他们有可能会把那些接受不了在严格的控制环境中工作的人赶走，而这些人往往是最优秀、最有才华的人。

桑迪与我们分享了他在英国伦敦的Enterprise租车公司指导公司运营的故事：

我们让运营经理负责客户服务，只提拔那些客户服务得分等于或高于我们公司平均得分的人。由于急于得到晋升，我们的经理们一直专注于改善客户服务，或者至少保持“平均或更高”的分数。一些努力想改善他们的服务的经理提出了异议：“在伦敦市中心这样的一个地方经营一个分支机构挑战性会更大”或者“我如何凭借两个调查问题来得知如何改善客户服务，何况我们分店每个月只收到了25份调查反馈”。

为了确保我们的分公司经理对他们的客户服务保持所有权和责任心，我告诉他们的经理——我们所在地区和城市的运营主管——避免直接回答他们的问题，而是反问这样的问题：

· 你从负责运营的同事那里学到了什么（他们在伦敦市中心还开了一家大型分店）？他们的团队和你的团队有什么不同？

· 你觉得为什么30%的客户不完全满意？

· 当你观察你的员工与客户互动时，你学到了什么？

· 如果你想要得到更多的反馈，为什么不问问你的客户，“我们今天还有哪些做得不周，有无待提高的地方？”这可以让你立即解决客户和员工的问题，并防止类似的问题再次发生。

在过去的25年里，我们与许多不同的组织合作过，我们提醒高层领导者要想承担起改善服务的责任就不能脱离一线。

富兰克林·柯维告诉我们：

没有参与，就没有承诺！

不幸的是，我们看到太多的高层领导沉迷于开展冗长的调查（客户对此不屑一顾，多数人拒绝完成），然后依靠数据分析师和复杂的软件得出的结果去告诉一线员工应该如何改进服务。提出问题并授权一线员工去寻找改善服务需要额外多做一些工作，但是它可以在你未来的领导中建立信任与授权，并培养重要的能力。

以下是一些在团队中建立起责任心文化可供参考的技巧。

扪心自问："我是一个有责任心的人吗？"我们需要反思自己过去和现在的表现。我们是否能够做到对自己的角色和工作负责，而不是把责任推给他人。授权是领导者角色中的重要组成部分，我们只需要确保我们委派的是正确的事情。我们是那种当事情出错时能承担责任，当事情顺利时能给予信任的领导者吗？

勇于承担责任。我们期望别人完成的事情我们自己做到了吗？如果团队成员看到我们在承担与他们同样的事情，他们更愿意接受任务分配。当他们看到我们打扫地板或者帮顾客把购买的东西搬到车上时，他们会注意到。当他们看到我们与生病的员工换班，或者与病人接触后会多洗一遍手，他们会更乐意做同样的事情，重要的是我们要真正树立责任心原则的典范。

信任你的团队。我们需要适当地为我们的团队提供培训、资源、系统和期望，然后，冒险一试，相信他们能做好自己的工作，要知道这可能会失败。如果有的话，花点时间进行自我评估，确保我们设定的期望足够明确，资源可用，并且所用的系统没有起到反作用。

招募有责任心的员工

保时捷前总裁彼得·舒茨（Peter Schutz）曾经说过：

雇佣品质，训练技能。

有些人天生就更有责任心，如果你能找到他们，他们就是最好的人选。研究人员发现：

服务人员要想表现出以顾客为导向的行为，组织首先要招募具有高度责任感的员工。

这样的人到处都有，如果你想让你的团队提升客户粘度，他们是必不可少的。

生物学研究者海伦·费希尔（Helen Fisher）把负责任的人称为“监护人”，因为我们可以依靠他们来控制局面。对他们来说，“数据、事实和细节非常重要”。他们既保护你的利益，也保护客户的权益，他们坚持直面问题直到这个问题解决。根据费希尔的说法，这些人的大脑受到血清素系统的影响比其他人要大一些，这使得他们更善于交际，更注重团队合作。

我们如何识别“监护人”？

注意那些对他人有强烈责任感，有着看穿事情本质的本领的人，他们不会把事情抛到脑后或让事情放任自流，他们掌握着非常好的提问和调查技巧。在面试过程中，向应聘者询问他们是否有过帮助客户解决颇有挑战性的问题的经历并举例说明，从他们的回答中可以发现责任心。

有责任心的两种做法

通过责任心加强人际粘度，我们通常采取两个主要的做法：

- 发现真正要做的事情。
- 跟进以强化人际关系。

因为这两种实践做法是培养责任心的核心，我们将在接下来的两章中专门对它们开展讨论。现在，问问自己：

我们的客户来找我们是为了什么？

他们的需求是什么？

他们想要达到什么样的目的？

我们能在多大程度上履行对他们的承诺？

我们之前曾经耸耸肩然后离开过吗？

碰头会5——责任心原则

责任心就是要求对应该做的事负责。

1. 赞扬

赞扬某人了解了客户身后隐藏的故事。

2. 学习

（1）什么时候有人承担起责任并真正帮助了你？

（2）我们的团队是否存在冷漠现象？

（3）在什么情况下，对我们来说责任心真的非常重要？

（4）是什么阻止了我们为客户的需求承担责任？

3. 承诺

对客户的需求负全责。

4. 安排后续会议

确定第六次碰头会的日期/具体时间，以及由谁来主持。

第6章 发现真正要做的工作

如果我问顾客想要什么，他们会说“跑得更快的马”。

——亨利·福特

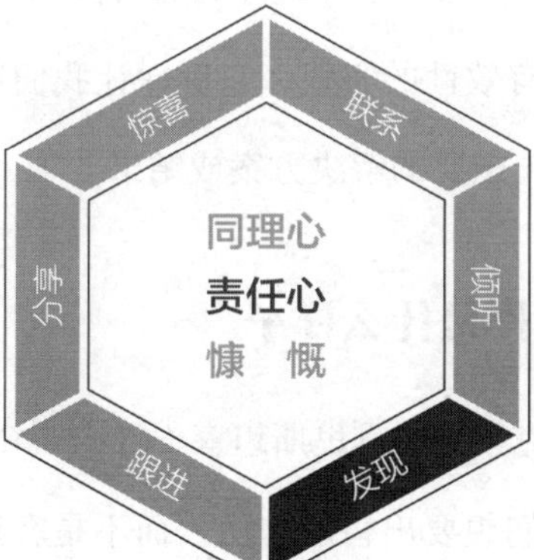

塑 造 · 传 授 · 强 化

让我们想象一下，你在如下这些企业中工作，客户分别问你：

- 体育用品商店："我想买一台跑步机。"
- IT部门："我们的业务需要更高效的技术。"
- 五金店："我需要一个更大的扳手。"
- 会计部："我需要各营销渠道上季度的收入明细。"

"好的！"我们回答道。然后，我们就直奔客户的需求。我们陪他或她去挑选跑步机，研究技术，或开始启动电子表格。我们提供商品或服务，然后咔嚓一下把它从我们的任务清单上划掉，感觉效率很高，且很有成就感，干得漂亮！

我们通过发现真正要做的工作来为他人的目标或问题承担责任。我们可能在为客户承担责任方面做得很好，但如果我们急于交付客户的请求，我们的解决方案可能不完全符合客户的真正需求。发现真正要做的工作是一种有效性的实践，它确保让我们这些有责任心的人，为客户提供他们真正想要的解决方案或结果。

■ 发现要做的工作是什么样子

哈佛大学教授克莱顿·克里斯坦森（Clayton Christensen）说："我们是否过于关注我们想要出售的东西，而不是客户真正的需要呢？"我们很容易急于推荐、解决问题或销售产品，因为我们熟悉我们的产品和解决方案，我们知道这些东西如何满足我们普通客户的需求。然而，克莱顿·克里斯蒂安森继续说："顾客所做的购买决定很少能被归类于‘普通’顾客的类别——他们通常是因为想要解决一个问题才会购买东西。”因此，挑战在于，如果我们不知道问题出在哪里，我们就不能承担起满足客户需求的责任。

这种思想起源于西奥多·莱维特（Theodore Levitt）的名言：

人们不是想买四分之一英寸长的钻头，他们想要的是一个四分之一英寸的洞。

“真正要做的工作”就是我们的客户试图达到的最终结果。要真正对我们的客户负责，我们需要了解他们的需求，他们的问题是什么，他们想要完成什么。

有一天，我们的朋友走进一家大型电子产品商店，看着墙上挂着的音箱，不禁惊叹不已。这堵墙太漂亮了！灯光、颜色、标识、布置——这些都是令人惊叹的，但这也令人困惑。他要找到一种音箱，让他那台全新的72英寸电视机播放环绕立体声，但他对音响设备一无所知，他只知道他想把他的地下电视间变得像电影院一样。他环顾四周寻求帮助，但周围没有人，他继续欣赏着满墙的音箱——又细又长的音箱，又矮又短的音箱，看起来像鞋盒、菠萝和高尔夫球的音箱。他只知道这些东西看起来是鞋盒、菠萝和高尔夫球，但他还是假装专业的样子斜视着审查每一款音箱，直到他身后突然传来一个低沉的声音。

“需要帮助吗？”一个大高个的男士边嚼口香糖边问道，通过他身上的员工牌得知，他是“麦克”。他留着大胡子，戴着耳机。

“是的，我正在为我的新电视机寻找音箱。”

“哦，这个新的蓝牙音箱非常酷。”大高个儿指着一个又矮又宽的盒子说道，这看起来像一个带着头灯的汽车保险杠，“它是无线的，功能齐全。”

这听起来相当不错，所以他当场就买了。

“太酷了，”麦克重复了一遍，接过了我朋友的信用卡，然后又把耳机塞回到耳朵里。我的朋友一到家就兴奋地把音箱打开，光滑的黑色盒子确实非常酷。他匆匆看了一眼那本他看不懂的说明书，把盒子插在墙上，打开电视。他想，既然是无线设备，那黑色的东西就应该开始震耳欲聋了。

结果什么也没有发生，他呆呆地坐了一会儿，然后拿起使用者手册，试图弄明白说明书的意思，但还是没有看懂。他盯着黑盒子看了一会儿，最终垂头丧气地放弃了。

在接下来的几天里，由于忙碌，我们的朋友无暇顾及音箱，他的家人都在问他地下的电视间的“东西”是什么，“它是如何使用的？”

几个星期后，我朋友的儿子指着盒子问：“你打算怎么处置它？它还能用吗？”

他不愿承认自己也不知所措，他担心的是将音箱退回去所耗费的精力和带来的麻烦。他最终决定退回，因为实在没有其他选择了。我们的朋友把音箱装在盒子里，然后把它一路带到了城里，来到了商店里。

这次他遇到了一个不同的工作人员：一个留着黑色短发、笑容灿烂的女士。“你好，我是弗朗辛（Francine），你带的那个大盒子真好看。发生了什么事情？”

“我从你们家购买了这个电视机音箱，但它似乎不能用。”

“哦，听到这我感到非常抱歉。”弗朗辛发自内心同情地回答，“我知道，当你买了一件令你兴奋的东西，却没有成功时，是多么令人沮丧。让我想想我能怎么帮你，你能告诉我一些细节吗？”

我们的朋友把故事从头到尾向她描述了一遍。

“我再次表示抱歉，”弗朗辛回答，“在购买后，你不得不再次将它带回到这里，让我们尝试这次把一切都搞好吧，告诉我你最想要得到什么样的效果？”

“嗯，我只是想给我的新电视配上美妙的环绕立体声，你应该知道，就像在电影院一样。”

“我们有一些其他的非常棒的音箱，所以我想我们可以找一下能达到你想要的效果的音箱。你能告诉我你的电视机是什么样子的吗？”得知了答案后，她立刻就明白了他那台特殊的电视机没有配备无线扬声器，所以她在店里的商品中找了一款便宜的无线发射器，用来让电视机与音箱联通。

但她并没有就此止步，她在店里的一台电视机上为他演示了如何安装发射器，然后她在她的手机上给他播放了一段视频，解释了无线声卡的工作原理。

我们的朋友兴奋地离开了商店，重拾了自信。很快，他家里的地下电视房就像电影院一样运作了起来。

显然，麦克和弗朗辛的区别是非常明显的：弗朗辛对我朋友真正想做的工作非常感兴趣，她没有假设她已经知道我们的朋友需要什么，而是对他的需要负责，并投入时间去了解他想完成的“工作”。结果的差异也非常明显，弗朗辛向我们的朋友解释了一切后，他兴奋地回家了。

■ 虚假发现要做的工作是什么样子

假装发现真正要做的工作是通过提出问题来向人们推销或操纵人们的思想，而不是为他们服务或是为了满足他们的真正需要。有时，我们按照我们自己的理解解决客户的问题，或者急于进行销售，就会出现虚假发现的现象。

想象一个医生建议一位女士多做心血管运动，这样她就能减掉几磅，降低胆固醇。于是她走进一家大型体育用品商店，对销售助理说：“我想买一台跑步机。”

那么，销售助理的一个选择是给顾客指一下跑步机，然后说：“我们有多款跑步机供你选择。”这可能是我们顾客服务的最低标准，还不算完全无视顾客。然而，除了这种微不足道的响应之外，我们还发现了三种虚假发现的方式：

- 让客户眼花缭乱。
- 提供错误的选择。
- 留下错误的印象。

“让顾客眼花缭乱”的虚假发现

跑步机？当然！它们在这里。我们刚刚推出了这一款新型心爆星9999跑步机，恰好我们正在促销。超值！看看这条60×20英寸的皮带，15%的坡度可以让你达到锻炼的目的。电机和车架都有终身保修，它还附带了虚拟漫游技术套餐，这个套餐我们过去收费的，但现在的报价已经包括在内了，这是我们很久以来最划算的交易了。

这种虚假发现可以而且通常是在基于真正的兴奋和兴趣基础上完成的，但它的兴奋点是在产品而不是在客户身上。不带有同理心地与客户沟通或倾听，也没有承担起满足客户需求的责任，我们不知道她为什么想要一台跑步机，事实上，我们对她一无所知。然而，我们确实知道很多关于心爆星9999跑步机的事情。

“提供错误的选择”的虚假发现

另一种服务此女士的方式是问她想要什么，然后让她做出选择，所有这些都是为了完成一笔交易：

你在找哪款跑步机？我们有一系列跑步机，从429美元到2000美元不等，你喜欢小型号还是大型号的跑步机？你的预算是多少？

好了，现在至少我们在问问题，这是件好事。我们在沟通，也许是想了解她喜欢什么功能。这种虚假发现的局限性是我们从我们自身的角度提出这些问题，而这些问题不能让我们了解到她身后隐藏的故事或者了解真正要做的事情。我们仍然专注于产品，而不是需求。同样，我们假设女士正在寻找一种产品——唯一剩下的问题是她选择买哪一种。从某种意义上说，这些都是错误的选择。跑步机可能会帮助女性加强心血管健康，但跑步机只是她想做的工作的众多方式之一——也许对她来说跑步并不是最好的方式。

“留下错误的印象”的虚假发现

你想用跑步机来降低胆固醇？这个型号是个不错的选择。在这个型号的跑步机上慢跑半小时，你得高胆固醇的风险会降低7%。

这句话给这位女士留下了深刻的印象，这个年轻人对这些机器非常了解。然而，他没有告诉她的是，穿着40美元一双的鞋子在户外轻快地走半个小时也会降低她“患高胆固醇的风险约7%”。

不管他是否是有意为之，卖方都在给顾客留下一个错误的印象。从技术层面上讲，他告诉她的是真的——他没有撒谎——但他给她的信息还不够全面。每个人都知道销售面临着很大的压力，尤其是销售高价商品时压力更大。当然，他不想把顾客交给鞋店，因为他要追求佣金。但是，只告诉她一点点真相他就真的在为他的客户承担责任吗？

通过使用这些虚假回复，我们失去了发现真正需要做的工作并承担满足客户需求的责任的机会。

■ 为什么找不到真正要做的工作

在许多情况下，我们倾向于假设我们已经知道客户需要什么。我们以前从几十个客户那里听到过同样的问题，所以我们就直接跳过问题直奔答案去了。当然，我们非常了解我们的产品，我们认为他们都应该拥有这件产品。有时我们是对的，但有些时候，我们完全失去了赢得忠诚的机会。将我们的思维模式从“已有答案”转变为“发现需求”，可以让我们提升客户粘度的能力发生巨大的变化。

另一个原因是，一些同事没有发现真正要做的工作，他们被迫“完成销售”或“结束电话”。我们要实现目标，执行标准。我们听到的借口是：“根本没有时间。”在此种情况下，我们必须清楚企业的优先事项，并探索我们真正要做的工作到底是更快地完成通话，完成销售，还是赢得粘度客户。如果我们想要赢得粘度客户，满足他们的真实需求必须成为我们的首要任务。

发现真正要做的工作，首先要表现出同理心和责任心。我们与客户建立联系，倾听并了解他们来找我们的初衷。克莱顿·克里斯坦森认为：

> 在我们的生活中，我们有很多的工作要做，有些是微不足道的（在排队的时候消磨时间），有些是意义重大的（寻找一份更有价值的职业）。当我们购买一件产品时，我们实际上是“雇用”它来帮助我们完成工作。

发现真正要做的工作就像知道我们的客户“雇用”我们做什么一样简单。

前文有举例，我们的朋友试图去波士顿参加一个会议时，在1号航空公司航班服务台遭遇的可怕经历，而2号航空公司航班服务台工作人员如何帮他走出困境。2号航空公司也没能让他及时赶到会议现场，但服务台的工作人员确实让他完成了他想要完成的事情：参加波士顿的会议。2号航空公司的这名员工了解了他的真正问题并解决了这个问题，这对提升客户粘度至关重要。

为了发现真正要做的工作，我们需要做三件事：

- 保持好奇心，但不要咄咄逼人。
- 询问情境。
- 需求导向。

保持好奇心，但不要咄咄逼人

大多数客户不想被问题所困扰。

我很乐意帮助你，但我得先要明白你需要什么，这样我们就不会把时间浪费在错误的解决方案上。

以上就是一种非常好的保持好奇心且不咄咄逼人的开启对话的方式。

询问情境

一些简单、开放式的问题，诸如“您希望达到什么效果”或者“您希望本产品或服务能为您做些什么”？甚至是“您为什么对这款产品或这项服务感兴趣”？将能创建一个对话，该对话能够迅速获知顾客真正想要完成的工作。

一旦你真正了解了走近体育用品商店的女士真正想要完成的工作——减掉几磅并降低胆固醇——你会怎么做？这取决于你是什么

样的人。我们的一个朋友讲述的如下的这个故事能够很好地说明这一点：

我走进一家手机商店，想为我的汽车买一个新的手机充电器。我之前的那些充电器在使用时都有些异常——有时它们充电速度很快，有时则不然。我找到一位叫凯斯（Kes）的服务人员，询问他这家店里是否有汽车充电器。

“当然，我们有很多款汽车充电器，”他回答，“到这边来，我指给你看。”

商店里忙得不可开交，我实在不想为这么简单的一件事情打扰那个小伙，但他陪我走到橱窗前问我：“你为什么要买一个新的手机充电器？”我觉得这是一个奇怪的问题，但我还是向他解释说明了充电不稳定的问题一直困扰着我。

凯斯聚精会神地听完，然后对我说：“你是否知道汽车的电压本身是不稳定的。当你启动汽车或开启空调时，电压会激增，所以你的充电器可能会根据不同的情况，得到的充电的电量也会不一致，也许你并不需要买一个新的充电器。”

我以前从未听说过，突然间一切都说得通了。尽管它不太可能改变什么，但我最终还是买了一个新的充电器——当我旅行的时候，我还是可以用来留作备用的。在帮我登记之后，凯斯核实了我的联系方式，并递给我他的名片。“这是我的名片，”他笑着补充道，“我将在两周内联系您，了解它的工作情况。”

他真的那么做了！我跟他汇报说，我的手机仍然会以不同的充电速率充电，但是我现在知道了这其中的原因，无须再为此担心。在最近的一次旅行中，我使用了新的充电器。在我的人生经历中，我认为这个体验是双赢的。

凯斯不是一个普通的销售员。他……与众不同，他发现了我的真正问题，并且承担了解决问题的责任。

事实证明，真正的问题并不是我们朋友的充电器有问题，问题是他不知道他的汽车的电压是如何工作的。花一定的时间去理解和解决真正的问题，凯斯最终还是拿下了这一笔交易。即使交易没有成功，凯斯也培养了一个高粘度顾客。那个看似“奇怪”的问题——“你为什么要买一个新的手机充电器？”——证明这是发现真正要做的工作的关键问题。

我们的工作越来越倾向于向客户普及知识。在越来越多的情况下，我们成为一名承担着指导、建议和引导责任的顾问。研究零售业最佳实践的黛比·豪斯（Debbie Hauss）表示：

无论是什么产品，你提供给客户的信息越多，他们购买的可能性就越大，在商店里购买以对那些帮助我们、给我们提供信息和协助表示感谢是人的本性。

豪斯写到她的“出色的客户体验”时提到了她在REI（一家美国户外用品连锁店）商店购买徒步旅行装备的经历：

REI的一位同事额外花了很多时间和我们一起探讨不同的远足和旅行选择，并分享了手册和地图来指导我们的行程。我本可以在网上收集到这些信息，但他的热情激发了我那天在书店里买书的冲动。

询问情境在B2B的情况下尤为重要，正如B2B销售专家黛安·戈登（Diane Gordon）所建议的那样：

（考虑）客户的目标——他们想要的是什么——我们的产品能够做什么，以及我们的服务内容包括什么。很多时候，公司都只关心他们拥有的东西，而不是帮助客户让他们买的东西物有所值。

需求导向

一旦我们找到了我们要做的事情，是时候满足需求了。看一下下面两个句子，他们有何不同？

1.“你得买一双能够减震的跑鞋。”

2.“要想在即将到来的马拉松比赛中取得好成绩，你需要一双能够减震的跑鞋。”

第一句话背后的心理：我有一个产品要卖给你。

第二句话背后的心理：你有一件事情要完成，而这个产品将帮助你完成那件事情。

也许这看起来没什么区别，但实际上这两种心理与它们向客户传达的信息之间存在着巨大的差距。“需求导向”非常简单——它的意思是在谈论产品之前先谈论需求。

一位朋友在美国西部的一座山上买了一栋新房子，在冬天，他需要把车道上的雪挪开，所以他去商店想购买一台吹雪机。

“你住在哪里？”头发灰白的销售员问。

当我们的朋友告诉他时，销售员拍了拍店里最大、最贵的那台机器，说道：“那你得需要这个型号。”这是一只巨大的红色怪物，看起来就像用来重铺溜冰场的赞博尼磨冰机。

我们的朋友以为销售人员是想从销售中赚取佣金，于是面带怀疑地笑了笑，最终选择了一种小且便宜得多的型号。

“好吧，”老先生叹了口气，“到时候可别说我没警告过你。”

当第一次冬季暴风雪来袭时，我们的朋友发现他的24英寸的吹雪机甚至无法在堆满积雪的车道上通行。我们的朋友显然不明白自己的工作要做些什么，而销售员也没怎么努力给予他足够的引导。

现在想象一下这样的场景，如果那位销售人员决定以需求为导向时，应该这样说："你住在海拔4000英尺以上的地方，这意味着每年冬天都会有几英尺的雪，这需要很大马力的扫雪机才能移动，就是这种45英寸型号的重型除雪机。"

需求导向意味着我们把真正需要做的工作摆在首位，很多时候，即使是最好心的服务人员，也会有一个致命的倾向——把产品放在首位。例如：

一位顾客到五金商店要购买一个扳手，除非我们弄清楚他们想要扳手完成什么工作，否则我们真的不知道他们是否需要扳手。但我们通常的反应是，"扳手就在那边。"此种情况下，我们不是服务人员，我们只是一个GPS导航设备。在我们询问之前，我们不知道他们是想用来修理管道还是用来修理汽车，我们不知道他们需要的是开口扳手、新月扳手、盒式扳手、套筒扳手还是组合扳手。

顾客：我的问题是，我想试着松开旧篱笆上的螺栓，这样我就能把它拆下来。

店员：是什么样子的螺栓呢？这是一些样品螺栓，它们看起来像这些吗？

顾客：就像边是直的那种螺栓。

店员：那是六角螺栓。要拆卸六角螺栓，你需要一个套筒扳手，它的设计是为了抓住螺栓头部的那些边，这是一套漂亮的套筒扳手。

这一简单的交流表明，服务人员对客户负责，理解顾客真正要做的事情，并做到了以需求为导向。

让我们再回到那个想购买跑步机的女士的例子中。一个负责任的销售人员会想了解该请求背后的原因——不是爱管闲事，而是找出顾客真正要做的工作。

女士：我想买台跑步机。

店员：好的，我很乐意帮你，你能告诉我你想用新跑步机达到什么效果吗？

女士：我要用来减肥，降低胆固醇。

店员：听起来不错，你过去用过跑步机吗？

女士：嗯，在健身房用过几次。我朋友有一个跑步机，正是我的朋友推荐我购买的，这给她带来了奇迹般的改变。

店员：当然，散步和跑步都是很好的锻炼方式。在我们开始选择跑步机型号之前，你还有其他的要求吗？这可以帮我们找到适合你的跑步机。

女士：我的膝盖有毛病，所以我有点担心我的右膝盖疼。

店员：是的，跑步和走路有时会加重膝盖疼痛。我们有一些机器能够减轻对膝盖的冲击，它们将是提高你健康水平的绝佳选择，你在健身房里试过椭圆机吗？

发现真正需要完成的工作听起来非常简单，但它需要大量的同理心和强烈的责任心做支撑。简单地向顾客提供“他们想要的东西”听起来像是一种很好的客户服务，但是只有当我们帮助顾客解决他们真正的问题时，我们才能真正走上提升客户粘度的道路。

■ 领导者实践——发现真正要做的工作

在塑造这种实践模式之前，领导者还必须创造一种环境，在这种环境中，发现真正要做的工作不仅是可以容忍的，而且是值得称赞的。如果一名在呼叫中心工作的员工超过了平均处理时间，但在通话中满足了客户的真正需求，要承认他或她在提升客户粘度方面所做的努力。如果你的销售助理因为真正从客户需求角度出发而将销售机会转手让给了另外一家店，那这位助理对提高客户粘度的贡献也是值得赞扬的。

让你的团队成员能够满足客户的真正需求，这使他们的工作不再仅局限于下订单或回答问题，而是能够找到他们真正的工作意义所在。欧洲工商管理学院（INSEAD School of Business）的顶级学者和研究员肖恩·比奇勒（Schon Beechler）认为：

当人们感到他们在追求一个深刻的目标或从事一项对个人来说非常重要的工作时，会有显著的积极影响，比如减少或降低压力、离职、旷工、不满、愤世嫉俗和沮丧等。此外，研究也显示出在承诺、快乐、满足、参与、努力和授权方面的积极增长，同时会提高那些认为工作有意义的人的满足感。

没有什么比从事一份真正需要做的工作的感觉更好的了——对你来说如此，对团队成员亦是如此。

碰头会6——发现真正要做的工作

寻找潜在的需求或目标。

1. 赞扬

赞扬那些为客户需求负责的人。

2. 学习

（1）你什么时候感觉到销售人员在催促你？

（2）客户希望我们为他们完成什么样的“工作”？

（3）“倾听学习”和“发现真正要做的工作”有什么不同？

（4）要想挖掘出“真正要做的工作”，我们应该提出哪些问题？

3. 承诺

发现客户要完成的“真正”工作。

4. 安排后续会议

确定第七次碰头会的日期/具体时间，以及由谁来主持。

第7章　跟进人际关系

当收到正面评论时，后续跟进会提高满意度；当收到负面评论时，后续跟进会让你纠正错误。

——弗雷德·赖克霍德

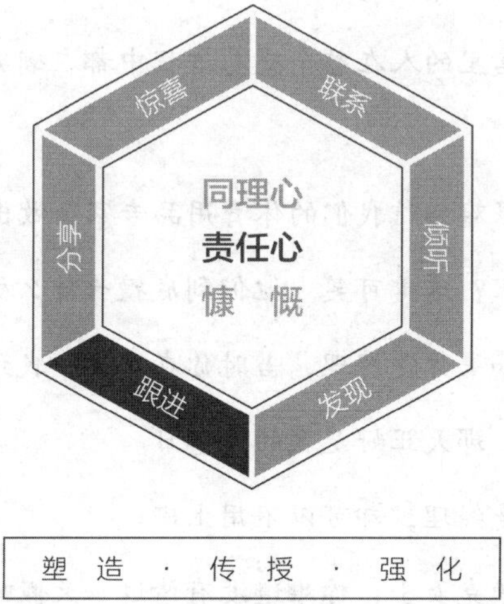

体育用品商店的经理柯蒂斯被要求给那些给商店给出低满意度的顾客打后续电话，他不喜欢这项工作，通常会尽可能拖延。然而，最终他振作了起来，与他认识的且对他不太满意的人通电话，这对他来说，是一种折磨。

柯蒂斯：萨德克（Sadek）女士吗？我是体育用品店的经理柯蒂斯·洛佩兹。

萨德克：有事吗？

柯蒂斯：在我们的客户满意度调查中，你给我们打了3分（满分10分）。你知道，我得知后非常惊讶，因为我们一直致力于客户服务。麻烦你告诉我，你受到了什么样的服务？嗯，5月23日的服务。

萨德克：你们这些人就是个笑话。

柯蒂斯：你说的笑话是什么意思？

萨德克：你店里的人在整个交易过程中都在嘲笑我，并且是当着我的面嘲笑。

柯蒂斯：我很难相信我们的体育用品专家会做出那样的事情。

萨德克：专家？这更可笑。他们到底擅长什么被称为专家？擅长嘲笑你的顾客？如果你是经理，当时你在哪里？我到处找你。

柯蒂斯：嗯，那天正好是我的休息日。

萨德克：你是经理，却可以不用上班。

柯蒂斯：萨德克女士，你难道没有请过一天假吗？

萨德克：你这是在浪费我的时间。

柯蒂斯：好吧，我们开门见山吧。从3分到10分，我们需要做什么？

萨德克：再见！

柯蒂斯从来都不擅长处理这样的事情，即便这样，这也是一个异常糟糕的跟进电话，他几乎把所有的事情都搞砸了，让顾客由失望变成了厌恶。他在为自己辩护，毫无疑问，他已经失去了把萨德克小姐变成忠诚顾客的可能性。

■ 愿意跟进人际关系是什么样子

那些带着粘度思维的人能够有效地跟进他们的客户，它与“要做的工作”相辅相成。除了跟进调查，我们又如何知道自己做的工作是对是错？

- 汽车修理商：“你卡车上新安装的挡风玻璃怎么样？”
- 制服租赁公司：“你的团队觉得我们上周交付的新制服怎么样？”
- 改装师：“我们为你做的油漆工作还有哪些改进的地方？”
- 摄影师：“你的孩子喜欢新的全家福吗？如果任何人有不满意的地方，我们很乐意尽我们所能去修正。”
- 保险代理人：“你对我们处理索赔的方式满意吗？哪些地方我们还可以改进做得更好呢？”

我们的服务可能目前做得很好，但这并不意味着它会一直保持下去，我们总会发现能够改进的地方。我们应该不断地问自己这样一个问题：“哪些方面我们可以做得更好？”除非我们不断升级我们的业务，否则我们的客户粘度可能会面临走低的风险。如果我们真的想提供帮助，后续跟进业务并不难开展。我们非常喜欢营销专家丽贝卡·威尔逊（Rebecca Wilson）的说法：

如果你不情愿地跟进，完全不跟进，或者当你跟进时缺乏诚意，人们就能感觉到，也会相应地对待你。然而，当你坚持不懈地跟进，带着自信、尊重和热切、诚实的愿望，与你的目标受众建立一种持续的关系，人们同样也能察觉到……并且他们对此常怀感激之心。

正如丽贝卡·威尔逊所说的，后续跟进不只是出于礼貌。这是一个建立人际关系的绝佳机会，这可能也是支持持续跟进的最佳理由。如果我们把与客户打交道看作一次性事件，那么客户可能感受不到我们与他们的联系。

问问你自己，你会更为亲近下列哪种人：

把你视为队列中的一个号码的那个人，还是以热情和同理心对待你，了解你真正需要做的工作是什么，然后跟进以确保你满意的那个人？

许多组织现在都配以完整的系统来跟踪客户，有在线调查、纸质调查、短信、自动语音电话和人工电话等——然而，所有这些都要求我们给他们的服务打分。《纽约时报》（New York Times）称，对顾客来说，感觉就像“被人无休止地骚扰”。

范德比尔特大学（Vanderbilt University）管理学教授理查德 · L. 奥利弗（Richard L. Oliver）表示：

> 人们频繁地要求退出这些调查，尤其是没有任何动机的调查，这让人非常恼火，以至于人们直接拒绝不再参与了。

这是否意味着你不应该跟进客户？

完全不是。进行客户跟进时不需要详细的调查系统，即使你的公司是这样做的，你也应该遵循自己的原则进行跟进——为了建立你的团队以及你个人与客户的人际关系。

你可以询问客户一些简单的问题，比如：

- “我们哪些方面可以做得更好？”
- “你在寻求什么样的帮助？”
- “我们还能为你做些什么？”

这样的问题可以提供能与你的团队及时共享的信息，非正式的、面对面的跟进远比电子邮件调查更有效。研究表明，通过私下交流获得的有用的回复是电子邮件调查所得的34倍之多。

我们每天只需询问客户一两个问题，就能得到相当于数十个“完整调查”的结果。你是愿意提前做客户跟进呢，还是等到顾客在Yelp、谷歌或Facebook上对我们大骂了一顿后再事后跟进呢？

除了这种非正式的后续跟进调查，一些其他的调查方法也相当有用。理想情况下，调查会让我们找出那些不满意的客户，以便我们能够了解他们的担忧，解决问题，并防止问题再次发生。我们还应该跟进那些对在我们组织的体验不太热心的人，以及对我们最满意的、最强大的推广客户们。每个客户都可以帮助我们，让我们变得更好。例如，推广者通常都有一些很好的想法，因为他们置身于我们的成功中。此外，了解我们团队中那些客户工作做得好的人，对这些员工取得的成就进行赞扬，是激励团队并建立忠诚的最好方法之一。

■ 不愿意跟进人际关系是什么样子

与跟进相反的是放弃、放任不管、转身离开或者“眼不见，心不烦”。在做这些事情时，我们显然没有承担起建立客户关系的责任。虚假跟进等同于不负责任，这主要体现在：

- 只对保护自己感兴趣。
- 为了提问而提问，对回答漠不关心。

当我们结账离开商店时，我们有时会听到：“找到你需要的所有东西了吗？”如果这句话是由一位低着头，和我们没有任何眼神交流的员工说出来的，坦率地说，他似乎不在乎我们是否找到了我们所需要的所有东西，客户可以快速识别出那些生搬硬套的、机械的日常问候。客户粘度对我们很重要，我们可以做得更好，哪怕是一句友好的告别，没有任何跟进也比虚假跟进要好得多。对学习我们本可以做得更好的东西抱有真正的兴趣，对提升人际粘度大有裨益。

■ 为什么不愿意跟进人际关系

这需要花费时间。你可能会问："我怎么才能既兼顾真正的、个性化的跟进工作，同时又兼顾其他工作要求呢？"当然，有效的跟进确实需要花费时间。但现在就去发现问题，解决问题，往往要比等待、等问题激化了，再去处理，需要更少的时间（花费）。

处理冲突非常具有挑战性。大多数客服培训注重于从事故中"恢复"或"平息"冲突。"平息"是拆弹小队的任务，你的团队成员不应该去平息客户的愤怒——至少，不应该经常——如果他们正在实践粘度思维原则。但是错误和误解确实会时有发生，这就是我们在本章的后半部分向大家提供一个已被证实的处理与客户和同事冲突的方法的主要原因。

■ 如何跟进人际关系

在发生冲突的情况下，顾客想要的不仅仅是"缓和"他们的情绪。他们希望问题能够得以解决，这也是认真跟进的主要原因。让我们返回柯蒂斯和不满意的萨德克女士的故事，来看一看如果柯蒂斯能够做到有效跟进的话，事情会变成什么样。

柯蒂斯：萨德克女士吗？我是体育用品店的经理柯蒂斯·洛佩兹。

萨德克：有什么事情吗？

柯蒂斯：我知道您周二来我们店里的时候遇到了些问题。我们一直在努力为顾客提供更好的服务，如果您能就您在店里的体验给我一些建议，那将是非常有帮助的。

萨德克：嗯，好的。我买了一个新的计步器来跟踪我的步态，但我搞不懂它是如何安装的，阅读了说明也没有搞明白，所以我去店里寻求帮助。我站在那里等了几分钟，没有人搭理我。当他们最后终于过来帮忙的时候，他们好像认为我始终“不得要领”，所以总是不停地打断我，似乎非常不耐烦，并且急于把我打发走。

柯蒂斯：哦，萨德克女士，听到这些我感到非常难过，我无法想象那是个多么糟糕的遭遇。我向您道歉，这是不可接受的，我们绝不希望顾客有此类的感受。

萨德克：当我不知道如何把它和我的电脑同步时，你店里的人似乎一直在嘲笑我。

柯蒂斯：我再次道歉。我想跟您约一下见个面，确保能达到您想要达到的效果。我非常乐意帮忙，能麻烦您再过来一趟吗？

萨德克：我最近没有多少时间，后天我要去徒步旅行，我想在这之前把计步器设置好。我明天下午大约有一个小时的空闲时间，四点钟左右。

柯蒂斯：萨德克女士，我真的很想在您走之前把计步器调试好，您明天四点钟能过来吗？

萨德克：看情况吧，这要花费多少钱？

柯蒂斯：哦，我会帮您安装计步器并把它同步到您的电脑上，这些都是免费的。

萨德克：这听起来是个不错的提议，谢谢。

柯蒂斯：萨德克女士，我对出现这样的事情倍感抱歉，我希望明天能见到您，我们非常注重您这一单生意。

现在柯蒂斯正在努力赢得萨德克女士的忠诚，让我们仔细看看他是如何处理这个后续跟进电话的。

■ 5A 原则

在开展跟进工作尤其是在处理冲突的情况下需要记住5A原则，这五个原则在柯蒂斯与萨德克的通话中都得以体现：

- 假定（Assume）——假设其他人的意图是善意的。
- 校准（Align）——与他人的情绪保持一致。
- 道歉（Apologize）——不带有任何防御，发自内心道歉。
- 询问（ASK）——询问你如何才能把事情做好。
- 保证（Assure）——向对方保证你会坚持跟进，然后确实会这么做。

让我们把这两个与萨德克女士的通话进行剖析与比较：第一个是不负责任的柯蒂斯打来的，第二个是负责任的柯蒂斯打来的。

假设其他人的意图是善意的

在与萨德克的第一次交流中，不负责任的柯蒂斯认为她只是一个脾气暴躁、难以取悦的顾客。负责任的柯蒂斯做出了相反的假设——她并不是故意为之。如果我们假设不满意的顾客试图利用这个机会获得“免费赠品”，我们就会立马把自己置于他们的对立面，采用防御的态度。相反，我们需要给我们的客户质疑的权利，即便是暂时的。在表达同理心之前，我们应该倾听他们的意见，并尽力理解他们的观点。是否有客户试图利用我们？是的，但那只是个例，大多数顾客不是那样的。此外，不要以为你的客户是在欺骗你。我们不赞成把商店拱手相让，但针对一次购物失败及时提供补偿，不仅是提升客户粘度的一种好方法，也是一件不失体面的事情。从长远来看，信任别人通常会得到回报。

与他人的情绪保持一致

我们的意思是让你的回应与客户的情绪保持一致。我们不是说，如果顾客生气了，你就跟着生气。“保持一致”意味着站在客户这一边，即使是暂时的。当不负责任的柯蒂斯听到“你们这些人就是个笑话”时，他变得暴躁起来。但是当负责的柯蒂斯听了她的故事后，他就立刻和她统一了立场，说：“哦，萨德克女士，听到这些我感到非常难过，我无法想象那是个多么糟糕的遭遇。”现在他是站在她这一边的。

正如我们在同理心部分与大家分享的那样，我们需要首先建立情感联系，然后再处理要做的工作。不满意的顾客需要“心理上的空气”，强烈的情绪就会让人感到窒息：

> 他们必须能够呼吸，才能继续做其他事情。被愤怒或挫折窒息的人首先需要被倾听——他们需要的是情感的氧气。如果他们不开心，让他们发泄，让他们把一切情绪都发泄出来。运用你的同理心技巧建立一个温暖的联系，通过倾听获知信息，与他们站在一边，而不是与他们对抗。

不带有任何防御，发自内心道歉

发自内心的道歉不仅能化解愤怒，而且也是我们在犯错的时候应该采取的正确的做法。即使我们没有错，我们也可以通过与他人“感同身受”并对糟糕的经历表示遗憾来表达同理心。

不带感情地抛出一句不痛不痒的，像是公事公办的“对不起”，只会让事情变得更糟糕。请注意，不负责任的柯蒂斯甚至从未尝试着道歉，而负责任的柯蒂斯却道歉了四次。显然，我们应该体会到客户的感受，有时他们需要的只是一句能够让他们舒心的“对不起”。但在发生冲突的情况下，我们可能需要一遍又一遍地道歉，直到我们确信客户真的听到了我们的道歉并接受了我们的歉意。

就像不负责任的柯蒂斯所做的那样，采取防御性的策略，只会导致冲突升级，这永远都不是一个好的解决问题的方法。当我们赢了这场比赛而对方输了，我们可能有某种满足感，但我们会在这个过程中伤害客户粘度。正如赛斯·高汀（Seth Godin）所观察到的，如果这对你很重要，你总能从争论中获益：

在大多数交流中，你都有能力获胜。如果你猛力推对方，踢别人的小腿，大发脾气，进行欺骗，这样你就把一切都置于危险之中。你很可能会得到你想要的，但通常情况下，这种胜利实际上是失败的。这是因为我们很少只进行一次互动，如此一来，我们的声誉和人际粘度都变得岌岌可危。

防御性的道歉是提升客户粘度的杀手。想一下那件发生在周日的事件吧，一家航空公司超额预定了一趟航班，需要让一位乘客下飞机。航空公司有权将他带走，但他不想走，所以他被从飞机上强行拖了下来，并在这个过程中受了伤。这场灾难性的视频出现在互联网上，并引发了全球范围内的抗议风暴。

该航空公司首席执行官在推特（Twitter）上发布了一份声明，向

"不得不重新安置"的乘客道歉，但没有提及那个被强行拖出飞机、浑身是血的人。随后的另一份声明（也在Twitter上分享）中，这位首席执行官表示，该航空公司的员工"按照既定程序处理此类情况"，他形容这名乘客具有"破坏性"和"好斗性"。作为回应，推特（Twitter）用户开始抨击这家航空公司，随后愤怒的风暴愈演愈烈。市场营销专家指出，这位首席执行官的回应相当于一种典型的不道歉，一种承认某件事情但逃避责任的空洞声明，后来，这家航空公司的股票暴跌。

在周二，该航空公司首席执行官发表了另一份声明，值得赞扬的是，他提到：

> 我向被强行带走的乘客以及航班上所有的乘客深表歉意，任何人都不应该这样被虐待。我想让你们知道，我们将承担全部责任，我们将努力把它纠正过来，做正确的事永远不嫌晚。

这确实是真的，然而，做正确的事永远不会嫌早。

询问你如何才能把事情做好

不负责任的柯蒂斯只对提高客户满意度感兴趣，即"从3分到10分，我们需要做什么"？负责任的柯蒂斯说："我想跟您约一下见个面，确保能达到您想要达到的效果，我非常乐意帮忙。"为了达到萨德克女士想要的效果，他制定了一套行动方案，确保为萨德克女士处理好一切。他提供的帮助超出了她的预期，这是修复混乱的一种非常好的实践方法。也许是提供个性化的服务，也许是免去当天的租费。不管是什么，你都要表达出来——这种姿态可能会帮助你赢得对方的忠诚。

向对方保证你会坚持跟进，然后确实会这么做

毫无疑问，负责任的柯蒂斯会坚持跟进，他详细说明了他要做的工作以及什么时候去做，结果客户明显地改变了态度。

■ 堵住漏洞

除了使用5A原则来化解冲突，将潜在的诋毁者转化为推广者之外，弗雷德·赖克霍德建议“堵住漏洞”，首先找出问题的根源，然后进行适当修复。反思乘客被从一架飞机上强行拖下来时，航空公司首席执行官承认，整个事情是一个“系统故障”，该公司没有向其经理和主管提供“适当的工具、策略和程序，允许他们使用他们的常识……错在我身上。必须解决这个问题”。

他说的是正确的。首席执行官的工作是确保我们有一个好的系统，但作为面对客户的经理和员工，我们有责任堵住这个漏洞，即使我们的系统有问题。如果有什么不好的事情发生了，问问你自己：发生这件事的根本原因是什么？我们应该达到的标准是什么？为什么我们没

有达到那个标准？我们能做些什么来防止或至少减少类似事件再次发生？这些问题的答案往往来自对客户的跟进，以了解更多的关于此类事件的细节。

当然，许多客户并不关心问题的根本原因，但我们应该这样做，以防止问题再次出现。因此，我们要告诉客户，我们正在努力提高我们的服务质量，他们的帮助将对确定问题有较大的价值。如果客户觉得我们关心他们的意见，并感激他们能够分享意见，我们就可以把他们变成我们的合作伙伴，让我们的业务做得更好。通过这种方式，他们对我们未来能够更好地提供服务所持有的信心会越来越大。

有时我们会被问到："在我们已经解决了一个问题之后，我们应该进一步跟进吗？如果需要跟进的话，什么时候会更好一些？"这要视具体情况而定。

在某些情况下，我们同意客服专家约翰·梅尔曼（John Mehrmann）的观点：

如果条件允许，经过一段时间后（再次）跟进客户，以证明纠正措施是有效的，一个电话或一张个性化的明信片都能表明对对方的关注和认可。在问题解决30天后表现出同理心和关注是一个强有力的信息，表明你真的关心每一位客户。在消退了愤怒后，纠正措施被证明是有效的，这一后续跟进行动可能会帮你留住忠实客户，并赢得一些新客户。

想象一下，如果30天后柯蒂斯再次打电话给萨德克女士，询问计步器在她的徒步旅行中的工作情况，该女士会作何感想？

有时，客户的问题需要花费时间来解决。所以我们需要一直对其负责任，直到得出解决方案，不管这需要花费多长时间，仅凭我们的坚持就可能赢得一位原本不满意的客户的忠诚。

那么在线客户也是一样的吗？他们真的在乎我们对他们的问题承担责任以及后续跟进吗？德国的学者们对这个问题展开了研究，并得出了如下结论：

后续跟进对于远程客户和面对面客户同等重要，我们讨论过的所有准则适用于实体店、网络以及电话销售面临的所有客户。

最好的后续行动可能分两个阶段进行：一是迅速跟进，二是延长跟进，不要让问题悬而未决；然而另一方面，也不能立即解决后就抛之脑后，要做到松弛有度。先把汤里的头发问题立刻解决掉，然后在几周后给客户发邮件/短信/打电话，再次道歉，并为他们的再次光顾提供优惠。设置提醒，这样你就会记得之后要进行跟进。

无论你怎么做，都不要忽视后续跟进的力量，你应该让那些不满意的客户重新对你建立起信任。正如Foxtail营销创始人、数字营销专家迈克·坦普尔曼（Mike Templeman）认为的那样：

如果客户对你品牌的某些方面进行抱怨，但没有得到回应，会发生什么？他们很有可能会把自己的不满通过口口相传的方式传递给朋友、同事和家人，从而让你的公司处于不利的境地。即使那些坏的口碑不足以引起什么影响，社交媒体也会把这些影响翻倍扩大。毕竟，对你不满意的客户可以用他们的手指在社交媒体上表达他们的不满，这可是一个完美的发泄方式。一个生气的顾客带动他最好的朋友以负面的眼光看待你的品牌对你来说绝不是件好事，如果这位愤怒的顾客对成百上千的社交媒体消费者和好友们的品牌认知产生了负面影响，这种情况会更糟。

■ 领导者实践——跟进人际关系

如果你是一名经理，你的团队是不会主动进行有效跟进的，除非你让他们这么做。我们都遇到过这样的情况：一些员工无法解决我们的问题是因为他们得不到上级的许可，和我们一样，这些员工也会倍感沮丧。作为一个忠诚领导者，你需要的是一个能够独立承担责任和解决问题的团队。迈卡·所罗门（Micah Solomon）曾指出：

雇用有责任心的人：注重细节，并且有能力和意愿完成工作。

但不管你的团队成员是什么样的人，如果你想坚持去做的话，你可以传授他们下文中的指导方针，这是你工作中至关重要的一个组成部分。

当你拨打跟进电话时，邀请团队成员一起来听。当你与客户进行快速的、面对面的跟进时，让他们模仿你，让他们质疑你。当某个事件发生时，让你的团队成员看到你在实践粘度思维原则：假设顾客的意图是善意的，站在客户的一边，真诚地道歉，解决问题，然后履行承诺，不要到处抱怨。站在客户的一边并不意味着要与某个团队成员为敌，如果团队成员犯了错误，私下提醒更正即可。

对团队成员也要践行相同的跟进指南，即使出现了问题，也要假设你的团队成员所有行为的意图都是善意的，坚信他们工作的目的并不是为了把事情搞砸。与他们的情绪保持一致，即使是暂时的——确保他们知道你理解他们的感受。最重要的是，履行你们对彼此的承诺，千万不要让事情悬而未决。

碰头会7——跟进人际关系

跟进以了解客户需求是否得到了满足，获知哪些方面我们可以做得更好，并解决问题。

1. 赞扬

赞扬那些发现真正要做的工作的人。

2. 学习

（1）客户遇到了什么问题？我们应该如何预防此类问题的发生？

（2）5A原则的哪个部分我们需要进一步改进？

（3）真心道歉与虚假道歉的区别是什么？

（4）能列举出为客户“解决问题”的实例吗？

3. 承诺

跟进人际关系，下次做得更好。

4. 安排后续会议

确定第八次碰头会的日期/具体时间，以及由谁来主持。

PART

FOUR

第四部分

慷慨原则

我们大多数人不会每天早上醒来都想着如何才能变得更为慷慨大方，但如果我们想要提升客户粘度，我们就应该这样做。与之相对的问题也应该出现在我们的脑海中——是什么阻碍了我们施以慷慨？对慷慨的最大障碍可能是恐惧。

第8章　慷慨原则

当你奉献你的财产时，你给予的很少。只有当你奉献自己的时候，你才真正奉献。

——卡里·纪伯伦

慷慨是三大核心粘度思维原则中的第三个原则，是最直截了当的。慷慨的人是善良的，他们乐于助人，他们会为客户和同事想出新颖的、创新的点子。在短期内，他们可能不会节省一分钱，但从长远来看，他们会赚很多钱。更重要的是，他们爱别人，像对待客人一样对待他们。一位朋友与我们分享了如下这段经历：

一天午餐时间，我走进一家快餐店吃汉堡。这是一个非常好的地方，窗明几净，墙上刷有漂亮的蓝白相间的油漆，还有令人愉悦的服务员。我的午饭花了7.88美元，我给了服务员一张10美元的钞票。年轻人没有按照实际花费给我找钱，而是递给我一张5美元的钞票。

“嗯，这是5美元，”我说，“你只需找给我2.12美元。”

“是的，先生，但是我手头1美元的纸币用完了，5美元已经是我手头面值最小的纸币了。”

“但这是为什么？”

“我们的政策就是这样的，先生，祝您午餐愉快。”

当我坐在那里享受午餐的时候，我在想这项政策背后必然有一定的思维在支撑。是什么促使管理层做出了这样的选择呢？每次收银员遇到这种情况，他们就会赔钱，这肯定会严重影响他们的收入，肯定有一些其他的事情要比这些事情更为重要。为了改变此类情况，收银员可能不得不去别的地方，也许是从收银员同事那里或者从经理的保险箱那里，换取一些纸币，这需要时间，客户将不得不等待。

显然，他们看重的是客户的时间，而不是他们在某笔交易中可能损失的金钱。

当我起身准备离开时，一位服务员递给我一杯免费的饮料，我以前从没有遇到这样的事情。显然，这家餐厅能够超出顾客预期，通过一些慷慨的行动来体现对客户的重视。我还去这家餐厅吃午餐吗？当然了——我尽可能去这家店就餐，我成了他们的一个高粘度客户。

这家餐厅没有推出大额折扣，也没有实施高粘度顾客奖励计划。他们只是慷慨地对待顾客——就像我们对待自家的客人一样。当问题出现时，一个具有慷慨思维的人做出的行为与他人是不同的。问问自己，你具有慷慨思维吗？然后再想想你自己经营的业务。

- **零售：**当我们看到顾客拿着包和收据走进商店时，我们的想法是什么？一个慷慨的人会做何反应？
- **软件支持：**一个几近抓狂的客户打来电话，提出了一个问题还设定了一个紧急的截止日期，但我们无法立即判断出问题是出在我们的软件还是他们的电脑上，一个慷慨的人会如何处理这个问题？
- **保健：**一个声音颤抖的客人要求见我们的经理，你会有何感想和反应？一个慷慨的人会如何回应？
- **政府：**一个愤怒的市民打电话投诉其用户费用，我们的第一反应是什么？一个慷慨的人在这种情况下会怎么做？
- **医疗：**一个不耐烦的病人现在想看医生，我们知道这是行不通的，我们应该怎么办？

一个慷慨的人和组织首先表现出善意，然后他们会尽一切可能给予比预期更多的东西。美捷步（Zappos）帮助顾客购买到他们脱销的鞋子，著名的丹麦糖果制造商爱顿博格（Anthon Berg）向每位顾客赠送了一块巧克力，迪克（Dick）体育用品接受过期的优惠券。这只是普通的小事儿，但我们知道，经过多年的积累，这些普通的小慷慨能够变得不同寻常——它可以赢得更多高粘度客户。

■ 慷慨是什么样子

得克萨斯州贝城的4号消防站接到一个例行电话，一位名叫约翰·麦考密克（John McCormick）的人在修剪草坪时晕倒了。这位65岁的老人有心脏病史，但紧急救援人员成功地将他救活，按照程序，送他去了医院。

但是之后，他们没有立刻返回消防站，他们返回约翰·麦考密克的家里，帮他完成了前院和后院所有的草坪修剪工作，然后把所有东西都打扫干净，还把割草机锁在车库里。在他们离开之前，他们在前门给麦考密克夫人留了一封信：

我们看到您丈夫没能把院子打扫干净，感到有些遗憾，所以我们帮着打扫干净了。

您的丈夫生病了，我们感到非常难过，希望他能早日康复。

如果有什么我们可以帮忙的，请告诉我们即可。

贝城消防部门，4号站，A班

在这个团队不知情的情况下，一位邻居制作了一段关于他们这次善行的视频，并将其发布在了贝城市的脸书（Facebook）页面上。这个故事由此迅速传播开来，消防团队甚至收到了来自遥远的新西兰的感谢信和祝贺信。

“在他人生命中最糟糕的时刻帮助他们摆脱困境并不是什么大不了的事。”其中的一名队员说道。但是通过这种简单的善举，贝城4号站的消防员们向世界展示了慷慨应有的样子，通常这只需要多做些什么事情。

- 这些消防员做这样的事情的动机是什么？
- 他们是在培养回头客吗？
- 他们是否在寻求更高的客户满意度得分？

当然这些都不是，帮助他们的同胞是发自内心的冲动，而不是出于一些提高客户粘度的策略。他们对待那位生病的男士的方式需要得到许可吗？可能需要吧，他们的领导已经同意这个团队对贝城的市民们表现得慷慨大方。为生病的邻居修剪草坪不属于他们的工作职责，但在消防队部门的文化中，肯定有某种东西鼓励这种慷慨的回应需求。

你和你的团队成员更多的是被工作描述、政策和制度所驱动，还是被丰富生活和奉献自己的渴望所驱动？

有时候，对效率的不懈追求可能会以牺牲慷慨为代价。例如，消费者联盟（Consumer Union）认为，顾客眼中的十大“极为烦人”的事情：

1. 电话打不通。
2. 销售人员不礼貌。
3. 接通电话需要许多步骤。
4. 等待时间过长。
5. 无益的解决方案。
6. 过于强势的销售人员。
7. 附加推销。
8. 没有为未解决的问题道歉。
9. 在店里找不到销售人员。
10. 令人烦躁的等候音乐或信息。

请注意一下，以上榜单中有多少项目是关于浪费客户的时间的——几乎都是。慷慨大方的一个基本原则是要对由此产生的麻烦以及浪费的时间极为敏感，这些不慷慨的行为大多是由组织政策或系统造成的。为了追求高效率，一些组织最终会让顾客等待接受服务，从而惹恼了他们。

假设你被邀请到邻居家参加一个晚宴，你按下了门铃，却无人应答，但是对讲机里伴着播放的轻音乐，传来了一段录音，这段录音告诉你你对他们来说非常重要，且很快就会有人过来。这种情形会持续十分钟左右，直到你的邻居倒出空来开门让你进去。这时，他突然让你在入口等候，因为他需要招待另一位前来用餐的客人，这又需要等十五分钟。然后他又莫名其妙地消失在你的视线中，你又开始到处找他……

每天都有成千上万的顾客体验着这种荒谬的场景，但有些顾客已经习惯了，他们耐心地忍受着由此带来的各种烦恼，直到失去控制。然后他们的反应就像任何受到虐待的人一样：他们会大发雷霆，大声抱怨，然后愤然离开。即使他们待在那里，默默忍受着痛苦，他们也不会对我们忠心耿耿。

这就是为什么我们对这家汉堡店印象深刻，因为这家店舍不得浪费我们的朋友几秒钟兑换零钱的时间。这是一个小小的姿态，但它表明管理层正在努力想办法节省顾客的时间和精力。对自己的时间要慷慨，但要珍惜对客户的时间。为节省客户的时间和精力而做的任何事情都会被认为是慷慨的，这就是以下事情发生的原因：

- 美捷步（Zappos）会在规定时间之前交付订单。
- 伯特兄弟轮胎服务公司（Burt Brothers Tire & Service）通常会提前完成汽车修理工作。
- Enterprise租车公司的销售人员手持设备检查顾客退还的车辆，而不是强迫他们在收银台前排队。

特殊的需求需要不同寻常的慷慨。如果你特别慷慨大方，那些遇到麻烦的顾客永远不会忘记你。莱娜（Leena）讲述了如下的这段经历：

我经常从一家大型的网上零售商那里购买家庭用品。有一次，我在等待一个包裹，里面有很多东西，总价值约100美元。等了几天后还未收到，我跟踪了包裹，发现它已经送达了，所以我不得不猜想它是在我家前廊时被偷走了。

我打电话给零售商，让他们帮我重新订购所有的商品，因为在他们系统里存有我的购买记录，这样可以节省我重新下单的时间。客户服务代表在电话中倾听了我的整个遭遇，并对我的经历表示同情。在帮我提交完订单后，她解释说他们向我提供免费更换这些物品的机会，并且她会连夜寄出，这样我就不用等那么久了。

远远超出了我的期望！零售商已经履行了他们的义务：他们已经完成了我的订单并交付了货物，之后做的所有事情完全超出了他们的责任范围。然而，他们不仅向我表达了同理心，这让我在痛苦的时候感觉好多了，并且他们也非常慷慨地提供免费更换物品的机会。多年后，我仍多次提到这件事情，我至今仍然是这家零售商的一名忠实客户。

现在来看，慷慨不限于免费赠送，给顾客一些安慰同等重要。对我们大多数人来说，生活是忙碌的，忙乱的，经常是高度紧张的，我们能做些什么来减少而不是增加客户的压力呢？

我们大多数人不会每天早上醒来都想着如何才能变得更为慷慨大方，但如果我们想要获得高粘度客户，我们就应该这样做。与之相对的问题也应该出现在我们的脑海中——是什么阻碍了我们施以慷慨？对慷慨的最大障碍可能是恐惧。慷慨是有风险的，客户可能想要我们付出超出我们的能力范围的时间和资源，团队成员提出的要求可能会超出他们应得的报酬。我们中的许多人都与会计们打交道，他们会不断检查我们的财务状况。他们一般会谨慎行事，对任何可能影响收支平衡的事情说“不”。

但根据我们的经验，很少有客户会提出超出合乎情理的要求，他们通常不会期望你为他们付出非常大的努力。事实上，一个慷慨的行为可以很简单，比如打开一扇门，在第一声电话铃响之后就接起电话，或者，就像在汉堡餐厅那样，免去兑换零钱的麻烦。

■ 不慷慨是什么样子

情人节的前两天，我们的朋友顺道去当地一家面包店买饼干，为参加一个家庭聚会做准备。有种心形的糖霜饼干非常受孩子们的欢迎，他发现店里还有一打左右的展品时感到非常高兴，于是就请求服务员把它们全部包起来，这样他就可以把它们带回家了。

令他吃惊的是，那个人拒绝卖给他饼干，“这样我就没得卖了。”

服务员抗议道。

我们的朋友顿时无言以对，过了半天，他才反驳道："你做生意是为了收集饼干还是出售饼干？"然而，服务员没有做出任何让步，还是拒绝出售。我们的朋友怒气冲冲地离开了那家面包店，直到今天，他也没再到访过那家店。

面包房服务员持有一种稀缺性的心态，这与慷慨心态是相反的。心理学家沙拉姆·赫斯马特（Shahram Heshmat）指出：

物质匮乏会让人变得近视。

当然，这里的近视就是短视，你关注的只是现在。"如果你把我所有的饼干都买了，我们就没得卖了。"做更多饼干，从而赚更多钱的想法似乎在面包房的服务员身上消失了。正如赫斯马特博士认为的那样，他"表现出了对当下的偏见"。他不会想到明天，不会想到与客户建立持久的关系，只关注当下这个时刻。

稀缺心态是一个问题，尤其是对那些在柜台后面的人来说更是如此，他们可能年轻、缺乏经验、没有受过训练，为了度过一天而苦苦挣扎。他可能受经济条件限制，这意味着稀缺对他来说是一个可怕的现实。他害怕犯错误，他担心违反那些他们一知半解的政策。

然而，对我们大多数人来说，我们最初的冲动是选择慷慨。根据心理学家的说法，"慷慨是人类本能的反应。"这就解释了为什么人们总是愿意帮助那些需要帮助的人。只有当我们有时间充分思考后，我们才会做出自私的决定。

在一个组织中，稀缺心态从何而来？

在很大程度上，它源于管理行为。如果经理让诸如表扬、认可、奖励、培训、交流、输入和反馈等事情变得稀缺，那么当团队成员在争夺他们能得到的那一点点东西时，恐惧和自私就成了他们的行为准则。

但如果经理对他的时间、赞扬、智慧和投入都表现得仁慈和慷慨，团队的心态就会趋于慷慨。最后，慷慨是一个性格问题——一种富足而非匮乏的心态。斯蒂芬·柯维解释了这两种思维模式的不同：

> 大多数人都被我所说的稀缺性思维深深套住了，他们认为生活中只有这么多资源，就好像他们手头只有一个派。如果一个人分得了一大块派的话，那就意味着其他人所得的就少了……另一方面，富足心态来自内心深处的个人价值和安全感。这是一种心理范式，认为有足够多的资源可供每个人使用。它会带来声望、认同、利润和决策的共享，也会带来可能性、选择、备选方案和创造力。

慷慨大方的人相信你可以制作更多的派（或者饼干），派的数量是没有上限的。慷慨的人创造机会，让每个人都能得到他们想要的馅饼。慷慨的人总是想着能为顾客做些以前从未做过的事情，他们会暂时忽视政策和体系，为顾客提供最好的服务。美国中西部一家著名金融机构的首席执行官有着这样的理念：

没有员工会因为做了对会员有利的事情而陷入麻烦……你只需要一个操作策略或指导方针。相信你的感觉，如果感觉做得正确且有意义，那就可以为会员去做。不用考虑系统的功能、策略或程序——只管去做对会员来说必要的事情，其余的交给经理来负责。

这种慷慨的哲学观给这位领导者带来了回报，他领导的机构比预期的要红火得多——商业研究员弗雷德·基尔（Fred Kiel）将这种效果称为“性格的回归”。在那家公司，经理的工作就是教导团队要慷慨大方，然后“为他们善后”。

这本书中的任何一种做法，如果做过头了，都可能适得其反，损害忠诚，慷慨大方也不例外。让我们分享来自桑迪的亲身经历：

有一天，我们的一家汽车租赁公司来了一位租户。销售代表注意到该名男子的驾照已经过期，因此他无法合法租车。我们的代表慷慨地带着客户到车管所续证，这对这位客户来说是一件好事，但对那些在这位员工去车管所期间来分公司等待的其他10位客户来说就不是一件好事了，这就引出了以下的关于“平衡”的指导性谈话。

所以我们不能对此保持沉默，毕竟，我们通常的规则是应该始终为客户做正确的事情。一家大型玩具零售商的首席执行官告诉我们，他对自己店里发生的一件事感到非常失望。一对年轻夫妇为他们未出生的孩子购买了衣服和玩具，但后来他们失去了孩子，悲痛欲绝的妻子让丈夫把买的东西退回去。丈夫把购买的东西带了回去，告诉了商店销售员他们的悲惨经历：

“很抱歉，我必须把这些东西退回去，但也许有一天我们还会再来购买。”

“天哪，非常抱歉，”销售员说，“但是没有收据是不能退货的。”

好吧，各种带有恶言恶语的信飞向了这家公司，该公司在社交媒体上付出了可怕的代价。这位首席执行官给这对夫妇写了一封私人信件，多次道歉，并尽力弥补。但损害已经造成，事后补救，收效甚微。通过此事，公司得知有些规则是摆在首位的（如带有同理心，慷慨地对待他人），而另一些规则是次要的（例如退货必须要提供收据）。

这是许多公司，尤其是许多大公司忽略的一个原则。就像《快公司》（Fast Company）的编辑比尔·泰勒（Bill Taylor）所说的那样，在那家航空公司虐待乘客的案例中，次要规则妨碍了主要的慷慨原则的执行：

问题不是出在航空公司的员工身上，而是出在“以规则为基础的文化”中，在此种文化中，8.5万人“不愿做出”不属于大部头的“规则手册”和“指南手册”之外的决定，而正是这些手册在管理着整个航空公司的运营。换句话说，每个级别的员工都做了他们应该做的事——他们遵守规则——但结果却是彻底失败。

我们想大家肯定想举手发问：“那么我是否应该遵守公司的规定？”我们所给的建议与丹尼·迈耶（Danny Meyer）给他们团队的建议一样：

宁可在慷慨方面犯错，道歉并确保挽回的价值超过最初犯错所付出的代价。

如果你想获得高粘度顾客，慷慨是第一位的——其他一切都是次要的。

即使发生了不愉快的事情，如果你能慷慨地回应，客户仍有可能对你保持亲近关系。万豪（Marriott）针对自己的客户展开了一项研究，将他们分成了三组：

（1）在服务期间没有发生不愉快的事情。

（2）发生了一些不愉快的事情，但是万豪把问题解决了。

（3）发生了一些不愉快的事情，但是万豪没有解决问题。

他们问每一组客户，他们是否还会再次光临万豪酒店。答案令人惊讶：

（1）89%

（2）94%

（3）69%

因此，那些遇到过问题的顾客比那些从头至尾都没有遇到过问题的顾客更是潜在的高粘度客户！处理客户问题是展现同理心、责任心和慷慨的绝佳机会。

有时候你无法避免一个问题的发生，你必须强制执行一项政策。你无法交付，因为物流链上出现了问题。营销学者伦纳德·贝瑞（Leonard Berry）说："当你不得不违背对客户做出的服务承诺时，一定要慷慨地对待客户，任何因公司问题做出的赔偿都应该毫不含糊地做到公平。慷慨是信任的建立者，吝啬会破坏信任。"

用丹尼·迈耶的话来说：

慷慨地、有亲和力地解决问题是我所知道的能为你的企业赢得持久的善意的最有效的方法，几乎没有例外。

迈耶还认为，慷慨、善良和好客的价值在于“让别人感觉良好后让你感觉良好的程度”。

迈耶的观察结果与科学发现不谋而合。神经系统科学家理查德·J. 戴维森（Richard J. Davidson）博士发现，表现为同理心、利他主义和其他有利于社会的行为，的确会增加幸福感、健康甚至延长寿命。进一步研究表明，慷慨不仅能增强人际关系，还能使工作更有意义：

> 从人际关系角度来看，给予者能够建立更深更广的人际联系。当一个销售人员真正关心你的时候，信任就会形成，你就更有可能去购买东西，还会成为回头客，介绍新客户。从动机的角度来看，帮助别人丰富了我们生命的意义和意图，向我们展示了所做的贡献是非常重要的，激励我们更努力、更长久、更精明地工作。

另一方面，吝啬会产生皮质醇，这是一种压力荷尔蒙。研究人员发现，共享资源困难的人在最初时会感到羞愧。他们对别人表现得越吝啬，就越会感到羞愧和压力。

慷慨的员工更有可能互相帮助，对工作投入更多，并在工作岗位上工作更长时间。“越来越多的研究表明了利他主义的力量。”威斯康星大学麦迪逊分校的唐纳德·莫伊尼汉（Donald Moynihan）教授说，帮助他人让我们更快乐。利他主义不是牺牲的一种形式，它是健康的心理奖励系统的一部分。

总之，一个慷慨的人能够赢得别人的忠诚和爱。慷慨会把客户和团队成员塑造成拥护者。你经营的业务需要多少推广者？更为重要的是，慷慨让你对自己和工作感觉更好。

■ 领导者实践——慷慨原则

赢得忠诚的三个核心原则是同理心、责任心和慷慨。同理心能让我们理解他人的感受，责任心让我们承担那个人遇到的问题，慷慨意味着我们返回去为他修剪草坪。你可以通过你的领导来创建一个慷慨的团队，如果你要招募新的团队成员，你可以雇用那些天生慷慨的人。

慷慨的团队

慷慨的领导者会尽其所能给予团队——敏感性培养，充满爱的反馈、培训、鼓励和小惊喜。慷慨并不总是意味着要分发糖果，奖金有时可能是个不错的主意，但团队成员真正想要的是对他们的想法和贡献的认可。商业作家、普罗透斯（Proteus）的创始合伙人埃里卡·安德森（Erika Andersen）指出：

> 当员工感觉自己被排除在外时，会对士气和自信产生很大的影响，这种影响甚至比物质上的慷慨给予产生的影响更大。

在最坏的情况下，这会让人觉得自己无足轻重。

这就是为什么公开分享信息对团队如此重要。慷慨的交流让团队成员感到自己是企业的一分子，并激励他们提供帮助。安德森还观察到，团队更忠诚于一个“善于提供信息、下放权力，得到赞扬”的领导者。如果我们专注于践行第三条忠诚原则，它就会自然而然地成为一种习惯。

以下的这些建议，可能对你有所帮助。

问问自己，“我是一个慷慨的人吗？”决定你想成为什么样的人。你的心态是富足型的还是稀缺型的？你觉得成功应该归功于大家，还是归功于自己？你对团队的观点持开放态度吗？或者你的想法一定是好的吗？你倾向于善良和体贴，还是冷酷和唐突？你有一颗宽宏大量的心，还是一颗吝啬小气的心？商业思想家玛戈特·安德森（Margot Andersen）表示：

> 慷慨的领导者以富足的眼光看待世界，在这个世界上，有很多东西是可以不断获得的，并不是逐渐失去的。这并不意味着他们会以一种“圣母”的方式行事，让所有提出要求的人都能如愿以偿。相反，他们更看重与团队的真正交流。

寻找“解脱”的机会。关注客户体验的整个过程。作家亚当·戈普尼克（Adam Gopnik）观察到：

人们做出理性的决定，会投资于他们喜欢的、能给他们带来快乐的东西；他们错在仅考虑产品，而不关注整个社会过程。

你在哪些方面可以让客户和团队成员做起事情来变得更容易？在哪些方面可以简化客户的体验过程？你在什么环节让他们等待了？什么事情对他们来说可能是恼人的或令其困惑的？你是减轻了生活中的压力，还是增加了压力？

赢得忠诚的一个有效的方法是让客户和你打交道时更加容易一些。“在整个客户生命周期中，应该减少其付出的精力”，公司执行董事会表示，“我们的研究表明，减少客户在售前和售后服务投入的精力可以在很大程度上影响客户粘度。”

过于慷慨。与客户打交道的员工每天都要做出决定，是否给予客户那些颇受争议的让利。客户可能会要求退还政策不允许的货物，顾客可能会对账单提出异议，顾客可能会在等了很长时间后对你大发脾气。这对你来说可能不公平，但如果你追求的是提升客户粘度，你就不会要求绝对的公平，体贴的姿态有时胜过公平。让你的员工完成那些对客户有利的事情。

一些客户可能看起来颐气指使或者甚至有些卑鄙，但这种可能性不大。我们经常犯所谓的“基本归因错误”，假设人们的行为是出于不良动机。当顾客表现出不耐烦或恼怒时，通常不是因为他本性就是如此，但可能是某种情况驱使他们这么做，他对你生气并不意味着他对动物不友好或者不被他的孙子爱戴。不管面对什么样的烦恼，最好的办法是想办法消除掉。

招募慷慨的员工

有些人天生慷慨大方。研究人员海伦·费希尔（Helen Fisher）发现，慷慨大方与某种气质类型相关，而四种气质类型与特定基因和荷尔蒙模式是息息相关的。她把慷慨的人称为“先锋”，因为他们把大局放在心里，富有创造力和想象力，以令人惊讶的洞察力和想法来吸引顾客，他们也会产生社会依恋。

招募天生慷慨大方的人的一个非常好的方法是在小组面试中评估他们。例如，在捷蓝航空（JetBlue Airways），招聘人员会“观察应聘者之间的互动”，这使他们能够“在一定程度上评估人际沟通技巧，而这在一对一的环境中是不可能做到的”。例如，把一组应聘者聚在一起，在他们中间走动，然后让每个人讲述一个有趣或尴尬的事情，然后观察其他应聘者的反应。他们是在和分享的人交谈，还是专注于思考他们将要分享的信息呢？对面部表情和肢体语言进行评估，了解他们自然慷慨的天性。

慷慨的两种做法

慷慨的人的主要做法可以归结为以下两点：

- 开诚布公，分享见解。

- 给予意外惊喜。

因为这两种做法是慷慨的基础，我们将在接下来的两章中深入研究它们。现在，让我们问问自己，我们如何向客户和团队成员表达慷慨？我们是否在寻找机会表达善意？是为了节省时间还是为了减少麻烦？给他们提供新颖的和令人兴奋的体验来给他们惊喜？

碰头会8——慷慨原则

慷慨是发自内心的给予，超出了必要或预期。

1. 赞扬

赞美那些跟进人际关系并学习的人。

2. 学习

（1）谁对你非常慷慨，感觉如何？

（2）慷慨会带来哪些不同？

（3）过于慷慨会带来哪些风险？

（4）什么阻碍了你变得慷慨？

3. 承诺

对客户或团队成员要慷慨。

4. 安排后续会议

确定第九次碰头会的日期/具体时间，以及由谁来主持。

第9章 分享见解

领导力是一门艺术，它为人们提供了一种传播有效思想的平台。

——赛斯·高汀

塑 造 · 传 授 · 强 化

在我们这个时代，越来越多的服务工作由机器代为完成，这个趋势也越来越明显。我们的采购将通过无人机送达，我们的食物将用无人驾驶卡车运输，我们与消费者互动将被聊天机器人取代。如今，几乎所有的东西都内置了自助服务的功能。随着这一趋势的深入，将会有越来越多的人需要提供一种机器无法提供的价值——一种人文主义原则的核心价值观：同理心、责任心，以及最重要的慷慨。

接受慷慨原则意味着不断思考新的方法，通过贡献思想、感情、知识和创新的想法，让别人的生活变得更轻松、更美好，这种贡献的必要性就是我们表明开诚布公这一重要行为的原因所在。但如果不遵循慷慨原则，这种做法就会沦为抱怨、批评和在自助服务自动化日益扩大的世界中变得更为冷漠。

■ 分享见解是什么样子

在第3章中，那个穿着红色背心的销售助理不仅花时间教亚希尔如何系领带，还与他分享了如何参加面试的方法。在第6章中，来自大型电子产品商店的弗朗辛慷慨地花时间与我们的朋友分享如何在他的电视机上安装发射器，这样他的蓝牙音箱就可以工作了，然后她还在她的手机上给他看了一段视频，向他解释了无线声卡的工作原理。凯斯分享了关于汽车电池如何产生不均匀电压的知识，而这正是为什么我们的手机充电器有时会出现故障的原因。在上述的这些例子中，员工们开诚布公地分享他们的知识和见解。

多年以来，我们与几家汽车服务连锁店合作，提供从汽车零部件到机油更换、轮胎和刹车等各项服务。我们看到他们提升顾客粘度的最有效的方法之一就是与顾客分享他们的汽车在将来可能需要的信息，但只推荐当天真正需要解决的事情的简短列表。“你可能需要在六个月内更换后轮，但如果这是我的车，我现在只担心我的前轮胎即可。”告知顾客信息，将潜在的销售推迟到更晚的时间，能赢得信任，并且被认为是慷慨的。

分享我们的见解来帮助客户，当然可以赢得他们的忠诚。要求客户与我们分享他们的见解也是如此，当别人询问我们的意见和想法时，我们的感觉会很好，因为我们都想成为有用的人，被重视，并做出应有的贡献。

我们的同事也是如此，我们通过分享信息来帮助他们提升自我，也通过寻求他们的见解来改善自我。

■ 虚假的分享见解是什么样子

虚假分享是指不是有意帮助或使事情变得更好的一种分享，抱怨，对抗，批评，或者只是对别人说三道四，这些都不是我们想要提升人际粘度的分享方式。

批评和闲言碎语在团队中尤其有害。说闲话可以建立社会关系，但这些关系往往是肤浅而脆弱的。对于那些被八卦的人来说，损害是显而易见的，因为他们的名声基本上是被别人偷偷破坏的。说闲话，也是要付出代价的。流言会侵蚀个人的可信度，因为它反映了一种不安全感和无力感，同时也会侵蚀自我可信度和信誉度。

■ 为什么不想分享见解

我们都有帮助他人的想法和见解，为什么我们有时不愿与人分享呢？一个原因可能是我们非常忙，手头已经有太多事情要做了。或者，我们不相信别人会听我们的，或者认为他们也不关心我们要说什么。然而，更常见的情况是，我们不愿意分享自己的想法来帮助其他团队成员，因为我们不想得罪他们，也不想触怒他们。我们可以清楚地看到他们的问题所在，但选择避免潜在的冲突。也许我们缺乏分享自我见解的能力，而这些见解可以帮助我们培养优秀的团队成员。我们的意图显然是帮助，而不是伤害他或她的感情或者破坏我们建立起来的任何关系。

■ 如何分享见解

我们可以采用忠诚碰头会的方式，经常分享想法以创造更多的客户推广者。除此之外，我们还需要创建一种团队文化，不仅让团队成员感觉是安全的，还可以鼓励人们给予彼此如弗雷德·赖克霍德所说的“爱的反馈”——非常简单，以一种可以获得忠诚的方式与另一个人分享观点、反馈、想法。

想象曾经教过你的一个教员，他可能是一个运动队，一个音乐组合，一个学术团体，或者是一个工作团队中的一员。没有什么比一位优秀的教员把我们的最大利益放在心上，激励我们变得更好，帮助我们赢得胜利更好的事情了。在我们提升客户粘度的道路上，我们所有人都可以教导他人——尤其是在粘度思维原则和实践方面。指导不应该只是单向的，从经理到员工。我们需要员工之间互相指导，同时员工也可以指导他们的经理，事实上，本书中的许多原则和实践都可以用来引导与同事和团队相互指导。虽然这本书的目的不是要创建一个具体指导的框架，但是我们将会讨论的是最佳指导实践与粘度思维的原则和关键行为的结合之处。在这种情况下，在分享关于如何在高粘度的情境下提供"爱的反馈"的想法之前，我们先来看一个不指导的例子：

柯蒂斯：苏，我得跟你谈谈。听着，你的态度让人无法接受。刚才我和一个客户，一个叫萨德克的女士通了电话，我听到了一大堆抱怨。你让她觉得，呃，老实说，你当着她的面说她笨？我告诉你，她对我发火了。

苏：我没有那样做，她打算退还计步器，她想要回她的钱，你知道我们不能……

柯蒂斯：（打断）听着，你的态度不对，我们试图建立客户忠诚度……

苏：（插嘴）但我不能按照她要求我们做的……

柯蒂斯：（明显没在听）我告诉过你，你需要用同理心去倾听别人，如果你做不到……

苏：（插嘴）太忙了，我没有时间……

柯蒂斯：你为什么不教会她使用产品？如果她接受过一定的培训，她就不会有这个问题。我得走了，苏。回头好好想想应该如何用同理心对待顾客，我得在你的档案里记上一笔。

虽然这是一个半开玩笑的例子，但我们可以从中学到一些东西。

首先，一个好的教员要树立一个好的榜样，不具有同理心、不负责任、刻薄的柯蒂斯正在尽他最大的努力向苏展示如何不表现出同理心。

其次，一个好的教员是一个双向的交流者，但是柯蒂斯的交流方式只有一种，这里面没有慷慨。我们经常把指导看作是“讲故事”，但指导需要采用“倾听学习”的技巧。顺便说一下，相反的情况同样糟糕：根本不给员工任何指示，希望员工在没有我们指导的情况下自行解决问题。一些经理说：“不要带着问题来找我，告诉我你将如何解决它。”好吧，那我就不和你谈我自己解决不了的问题了。如果我能自己解决问题，我为什么要和你商量？

最后，一个想要提升人际粘度的教员，不会命令人们改变他们的做事方式。交流专家约瑟夫·格伦尼（Joseph Grenny）说：“当人们被告知需要改变一种习惯时，通常的反应是反抗……诀窍就是不要对你的员工说教……”

相反，要问问题——把指导环节当作一次面谈，帮助他们自我发现他们的动机。

现在让我们来看一下同理心——责任心——慷慨情景下的柯蒂斯在指导苏时所采用的不同的方法：

柯蒂斯：苏，我真的非常感激你这几天来做的工作，尽管有时有点让你抓狂。我只是想把一件事情弄清楚，你还记得一位萨德克女士想要退还计步器的事情吗？我很想听听你的看法。

苏：嗯，她把计步器拿回来，说“我搞不懂这个东西的正反面，我要把钱退回来”。她当时真的很生气。所以，我说的是，“我能帮你解决这个问题吗？”当时她真的是一根筋，她就是想要退款，你知道我们按规定不能那样做。此外，那天我们特别忙。

柯蒂斯：这样的日子很难熬，让我担心的是——我知道也会让你担心的是——客户觉得你对她没耐心甚至在取笑她，你知道她为什么会有那种感觉吗？

苏：我猜她觉得自己很笨，因为她自己无法操作，这让我们很沮丧，因为有些客户确实比其他人需要更多的帮助。

柯蒂斯：确实是这样——这确实令人沮丧。如下这个想法怎么样？对于这种类型的客户，你可以采用一些富有同理心的语言，我可以传授你一些。我们明天9点见面大约谈10分钟可以吗？你觉得这个主意怎么样？

苏：是的，我非常想知道如何应对这样的人。我每天都能遇到一两个这样的顾客，他们简直就是油盐不进。

这一次，柯蒂斯通过倾听苏的陈述并认同她的感受来向她表达了同理心。他承担起指导她的责任，他也表现得非常慷慨，因为他意识到苏的意图是好的，她的观点和顾客的观点一样值得考虑。柯蒂斯现在正在以一种能够提高她对团队的忠诚度，也将提高客户对商店的粘度的方式指导苏——这是一个难以达到的平衡状态。

提升人际粘度需要分享见解，如果我们不能有效地分享见解并让其他人采取行动，那么即使一个再伟大的见解也就没有多少价值了。以下是一些建立忠诚度的有效指导方针：

- 承认工作做得好。
- 请求允许分享见解。
- 声明你的意图。
- 采用积极和鼓励的方式。
- 分享能够帮助大家做出更好选择的信息。

承认工作做得好

如果我们一开始就让他们知道我们尊重并认可他们已经做得很好的工作，他们就会对我们的见解和指导持有更加开放的态度。“你在这里工作表现很出色。”这种反馈必须是真诚的，没有必要冗长难懂。

请求允许分享见解

有时，一句简单的“我能和你分享我的想法吗”就是一个非常好的导入语。这通常要比“我能给你一些反馈吗”要好得多，因为有些人认为“反馈”带有消极的或批判性的意思。请求允许表达了一种尊重，允许对方告诉我们他们现在是否很忙，以及什么时候方便。

声明你的意图

预先声明你只是想分享一个想法来帮助他们，而不是以任何方式批评他们。“我只是想帮点忙，我注意到了你和萨德克女士谈话的一些细节，我想和你分享一下我的想法。这样可以吗？现在时间合适吗？”

采用积极和鼓励的方式

我们说话的语气和肢体语言都需要带着温度和热情，让其他人觉得我们站在他们那一边，只对他们取得的成就感兴趣。他们应该能够感受到我们的三个核心粘度思维原则：同理心、责任心和慷慨。

分享能够帮助大家做出更好选择的信息

一个有效的方法是询问一些贴心的问题：“你觉得和萨德克女士

的对话怎么样？我想知道是否可以采用另一种方法来平复她对计步器的不满，你觉得怎么样？”给对方一个机会来分享他们的观察和感受。然后，在倾听获知信息，并对他们的处境表达同理心后，与他们分享可能对他们有所帮助的见解。

指导提升人际粘度所需要的实践练习，很简单，我们希望我们指导的人在离开时都有这样一种感觉："他真的很关心我，也非常体贴地和我分享了一切。"

以下是另一名经理指导员工的例子：

简是一家医院产房的负责人，安德莉亚是一名非常棒的产科（OB）技术人员。

简：安德莉亚，你今天过得怎么样？

安德莉亚：到目前为止还不错。

简：我们感谢你自上个月加入团队以来所做的一切工作，你是一名优秀的产科技术人员。你还记得我跟你说过我们会时不时进行一对一的谈话吗？现在咱们俩谈谈时间合适吗？

安德莉亚：当然可以。

简：星期四晚上的夜班——有些令人抓狂，是吧？在2号房间有一个紧急剖腹产手术，我们差不多都冲进去帮忙了。然后是3号房间的金先生，他的妻子情况不太好，你还记得他让你进去帮助她吗？

安德莉亚：（带有防备心的）是的，但是我正忙着准备手术推车。

简：他当时非常不高兴，你能告诉我发生了什么事吗？

安德莉亚：我正在准备硬膜外麻醉剂，因为我发现麻醉剂没有了，我得准备一些以备急用。这时候那个男人就冲出来对我大喊，说她妻子都要死了，我却站在一边束手不管。

简：哇哦，这听起来让人感觉压力山大。

安德莉亚：那是！他的妻子并没有他说的那么严重，这我已经告诉过他了，并且我确实帮不上什么忙。所以我告诉他要耐心等一下，因为我们现在隔壁房间出现了紧急情况，护士一会儿就过去查看他妻子的状况。

简：然后又发生了什么？

安德莉亚：他怒气冲冲地走了，说他要向管理部门投诉这是一家糟糕的医院，投诉我所做的一切，以及我懒惰、一无是处的态度。

简：这真是令人沮丧。

安德莉亚：我由着他去了，没有理会他，我不确定这样做是否正确。

简：你觉得你是否应该换一种处理方式？

安德莉亚：是的，但我不知道该怎么做。我真的不能为她做任何事，我不是护士！

简：我明白了，你一定觉得不知所措。

安德莉亚：是的。

简：处理此种情况时，我总是首先想到同理心原则，还记得我们在碰头会上讨论过的同理心原则以及表达同理心的技巧吗？

安德莉亚：还记得，首先要建立一种真诚的人际关系。

简：你觉得你应该怎么对待金先生呢？

安德莉亚：我不知道，也许我应该停止准备药品，和他谈谈。

简：这就是表达同理心的第一步，就是这么简单。当我们真的忙得不可开交的时候，是很难建立人际关系的。但是你越努力，它就越能变为一种习惯。然后接下来，只需要倾听就可以。有时候，像金氏夫妇这样的病人心情不好的时候，他们只是希望有人能倾听他们倾诉。

安德莉亚：你是说我只是停下手头的工作来听一下他们所说的就可以了？

简：是的，它可以很简单——只需要一个倾听的耳朵——当你听的时候，你就开始理解真正的问题所在，你可以明白你真正要做的工作是什么。

安德莉亚：是的，我现在记起来了。

简：那么，你认为真正要做的工作是什么？

安德莉亚：花点时间让他们两个都安心？也许给她端点水喝，或者再给她加条毯子？

简：可能就这么简单，我认为他们可能并不是希望你马上给她接生。他们真正需要的是一个有同理心的人——一个让他们知道自己没有被忽略的人，这是我们都能做到的事情。

安德莉亚：那硬膜外推车的准备工作怎么办呢？

简：你的想法是什么？

安德莉亚：嗯，我想在这需要平衡。

简：（笑了笑）这不正是现实生活吗？

安德莉亚：但我本可以花点时间去帮助金太太，而且还能把所有的事情都做好，现在我明白了。

简：是啊，我想你是对的。你知道吗？安德莉亚，你在这里做得很棒，我很高兴你加入我的团队。

安德莉亚：谢谢，我也感到非常荣幸。

你认为此种指导方式对解决问题以及由此给简和医院带来的粘度思维产生了什么影响？从下面的表格中你可以看到，简从三个核心粘度思维原则中汲取了精华，并将许多关键的实践理念付诸行动。

核心原则	主要行为	作为教员的简（Jan）如何实践粘度思维
同理心	建立真诚的人际关系	· 以询问安德莉亚的近况开始对话。 · 真诚地赞扬安德莉亚，让她知道自从加入团队后她就意识到了其做出的贡献。 · 问及“现在”是不是一个交谈的好时机时，她非常尊重安德莉亚的时间。 · 金先生进来后对她大喊大叫时，对她所承受的压力表示同情。 · 以表达她对安德莉亚的感激之情并说明她非常高兴她是她团队的一员来结束谈话。

（续表）

核心原则	主要行为	作为教员的简（Jan）如何实践粘度思维
同理心	倾听背后的故事	· 尽管她掌握了许多有关周四夜班的“事实”，但她仍然请安德莉亚说明情况。 · 提醒安德莉亚继续分享，让她分享“然后又发生了什么”，而不是直奔主题，解决问题。
慷慨	分享见解	· 询问安德莉亚：“你介意我和你分享一个观点吗？” · 在安德莉亚正确评估了当时发生的情况后再次巩固其对事情的理解。
责任心	跟进人际关系	· 负责跟进安德莉亚，并在此过程中强化她们之间的人际关系。
责任心	发现真正要做的工作	· 在一起探讨了实际情况后，简直接问：“你认为真正要做的工作是什么？”给安德莉亚一个自己总结解决方案的机会。

让我们来想一下你的团队，你多长时间与队友们分享你的见解？就像简和安德莉亚一样，来帮助他们变得更好？作为一个粘度思维者，这是你能做的最重要的工作之一，这能够提升团队成员和客户粘度。

如何与你喜欢的一家公司分享你的见解，帮助他们变得更好？慷慨的人就是这样做的。我们的朋友莱恩（Laing）分享了她在当地一家女装精品店的经历：

我和我的朋友们每次决定来这个地方的时候，都很纠结。

我们都很喜欢这里出售的衣服，她的主人对我们来说却是一个噩梦，我们中的很多人都不再光顾那家店了。

有一天，我决定找她坦率地谈谈。我是尽我最大的努力，以友好和富有同理心的方式说话，以免冒犯到她。我告诉她，我非常喜欢这里的商品，但觉得与她打交道很难。我和她说，当人们走进店里的时候，她应该向我们表示感谢，要更友好一些，更打动人一些，要与我们进行眼神交流，要和我们建立联系。我认为她可能觉得以为店里有那么酷的衣服，所以根本不需要在此方面下功夫。

我们的简短谈话，似乎有了效果，这家店现在比之前有趣多了，当然，我从那里买的东西也越来越多了！

构建粘度思维者心态和开诚布公、分享见解的一种低风险的方式是与那些企业中承担指导工作的人交流。遵循本章的指导方针，首先认识到他们擅长什么，请求允许分享你的想法，声明你帮助他们的意图，积极地，以尽可能友好和慷慨的方式分享你的见解。像大多数事情一样，我们越练习这个关键的行为，我们就越有信心与我们每天一起共事的人分享我们的见解。

■ 领导者实践——分享见解

如果你能开展有效的指导工作，团队就能从你身上学到东西，你希望他们成为积极的老师和教员。当你指导他们的时候，要让他们知道你希望他们能相互指导，所以他们应对彼此密切关注。告诉他们指导方针，这样他们就会知道该怎么做。确保他们知道，基于粘度思维的核心原则和实践指导不是批评，而是分享见解，让他们有机会练习相互指导并互相分享见解。

贝恩公司（Bain & Company）的罗布·马基（Rob Markey）认为：

> 授权一线员工的成功关键在于给他们一个可以自由行动的框架，然后将他们在这个框架中的表现向他们反馈。

当他们朝着一个明确的、明晰的结果努力时，帮助他们逐渐实现自我指导和自我纠正。换句话说，向团队传授了三个核心粘度思维原则后，要不断地与他们分享关于如何更好地应用每一个关键实践方法的想法。将每个人的注意力都聚焦在一个目标上——培养更多高粘度客户。

在美国运通（American Express），曾经有一段时间，服务运营呼叫中心的团队每年要处理数以百万计的电话，他们会监控这些员工每次通话的时长，以及他们是否完全按照脚本执行，管理工作完全聚焦在控制成本上。但当他们将重点转向提升客户粘度时，一切都改变了，他们把衡量“会员们的热情推荐”作为评定成功的关键指标，他们摆脱了脚本和时间限制。相反，他们指导服务团队遵循粘度思维原则，让他们在这些原则框架下发挥自己的判断能力。结果如何呢？在新系统下，他们的成本实际上比之前下降了，因为员工们承担起了公司的责任，并就如何解决客户的共性问题分享了看法。最重要的是，美国运通的客户消费额上涨了10%至15%，客户流失率也大幅度降低。

他们为什么能得到这个结果？借用马基（Markey）的说法：

> 因为员工们深度参与到如何实现基本商业目标的问题中了。

他们的大脑已经调动起来了，他们的贡献变得更加有意义，他们不再仅仅是电话另一端的机器人。经理们不会硬性规定团队成员如何达到目标，但他们会在粘度思维原则上给予大量的指导和投入。马基建议经理们应该做如下三件事情：

> 1. 构建一个员工成功框架（对我们来说，这意味着三个核心粘度思维原则及其相关实践）。
>
> 2. 告知团队“明确的成功标准”（对我们来说，这意味着越来越多的高粘度客户）。
>
> 3. 给团队成员“快速、定期、简单的反馈，帮助他们学习”（对我们来说，就是开诚布公，分享见解，帮助每个人都能取得胜利。这些见解可以来自对正在发生的事情的简单观察，也可能来自客户调查，或者来自对客户的跟进，目的是了解哪些事情本可以做得更好）。

根据马基的研究，这样一来，得到的结果是：

员工流失率大幅降低，成本大幅降低，客户粘度大幅提高。

简言之，无论是从战略层面，还是从利润收入角度都取得了成功。

碰头会9——分享见解

慷慨地表达我们的想法、感受、知识和关心。

1. 赞扬

赞扬那些对客户或团队成员慷慨的人。

2. 学习

（1）描述一次与客户或团队成员分享一种有用的见解的经历。

（2）我们现在在分享见解方面效果如何？

（3）我们需要改进哪些分享见解的指导方针？

（4）在我们的团队中，谁是优秀教员的典范？

3. 承诺

开诚布公，分享见解，帮助团队。

4. 安排后续会议

确定第十次碰头会的日期/具体时间，以及由谁来主持。

第10章　意外惊喜

让给客户意外惊喜成为你为客户服务的惯例，这会传播你的爱。

——约翰·詹奇

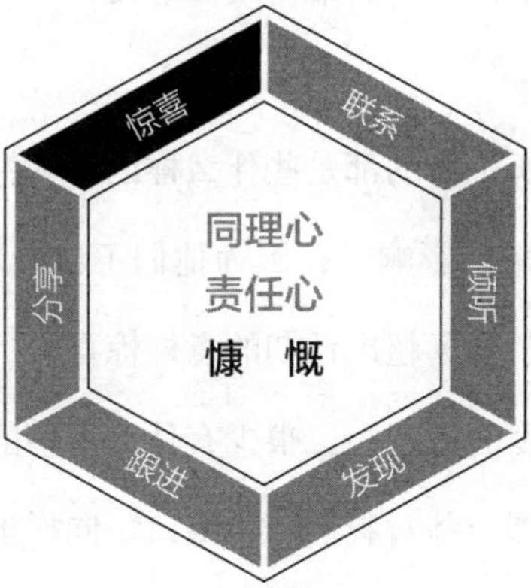

塑造·传授·强化

我们的一个客户和我们分享了这样一个故事：

几年前，我家的狗——米洛生病了，我们带它去看兽医。在那里我们得到了一个令人震惊的消息，我们的狗得了癌症，情况已经很严重，没有康复的可能了，听到这些我们的心都碎了。动物医院的工作人员非常和蔼可亲，他们显然知道这对我们来说是多么的难过。诊断结果出来后，一名技术人员把米洛带走离开了几分钟，然后用毯子把它裹好送了回来，然后我们就离开了这家医院回家了。

几天后，我们收到了一个包裹，原来在米洛被带走的那几分钟里，他们为它拍了一张照片，并且留下了爪子印记，他们把这些用相框裱好，作为礼物送给我们，连同礼物送来的还有一封慰问信，这对我们身处悲伤的小家庭来说有着非常重大的意义。

在这家兽医诊所工作的都是些什么样的人呢？他们的生活准则是什么？想想他们带来的影响吧，因为他们不仅表现出强烈的同理心，还给这个家庭带来了远远超出预期的意外惊喜。

在提升人际粘度的过程中，很少有什么事情能像意外惊喜那样让顾客微笑、兴高采烈，并对我们赞不绝口。同样地，很少有什么事情能像让团队成员感受到客户的喜悦那样令他们兴奋和投入。发送个性化信息，记住别人的名字，尝试令人惊喜的新的服务理念——这些简单的姿态可以赢得顾客的喜爱，并提高他们的粘度，他们也为我们每天从事的工作增添了意义和快乐。

■ 意外惊喜是什么样子

下面，来了解一家比萨餐厅的故事。这家店与其他的店有些不同。事实上，这家店是非同寻常的。在这家比萨连锁店的数百家同店中，这家店的营收最高，员工流失率最低。公司的主管们仔细地审视这家店，想弄清楚是什么使它如此与众不同，结果发现是因为这家店的经理培养了一批高粘度顾客和工作人员。

和许多快餐店一样，这家餐厅的员工都是打零工的年龄为十几岁的青少年以及大学生。他们上班，穿上围裙，完成他们的工作，然后回家。通常情况下，员工流失率是非常高的——毕竟这只是一份临时工作，几乎没有忠诚，几乎没有承诺，没有人会有任何不同的期待。但是，当这位经理的团队开始换班时，他们就会召开一个碰头会。他们会身体前倾，站立起来，爬上长凳，畅所欲言，而经理则迅速地把事情写下来。这位经理在这一方面表现是相当杰出的，当他和他的团队聚在一起时，他只提出一个问题："本周我们能为我们的客户做哪些我们从未做过的事情呢？"

这个问题本身就让他的团队感到兴奋，他们是聪明人，他想要的是他们的智慧，而不仅仅是他们的劳力。小组讨论是一个开展头脑风暴的机会，这些想法都是创意性思维，经理会非常高兴地尝试他们的各种想法。

请看如下事例：

一个团队成员喜欢早餐吃冷比萨，于是他突然想到别人也可能这样做。“大家来看看这个主意怎么样？”在一次晚上举行的碰头会上他问道。

第二天一大早，他和另一名员工在镇上的公交车站附近向那些等车的人兜售起了昨天卖剩下的比萨。顾客们带着惊讶，又带着喜悦的心情，把比萨吃光光了（真的都吃掉了）。很快，团队成员们每天早上都会出售盒装的冷比萨。

第二个想法是基于这样一个事实建立的，每天下午大约在同一时间，这家餐厅都有大批顾客下班回家，并停下来点外卖比萨，这让被突如其来的工作压力压得喘不过气的员工和不得不排队等候的顾客倍感沮丧。在碰头会的头脑风暴环节，一名员工（他是一名赛车迷）想出了一个主意，把餐厅的停车场变成一个顾客停车点，此想法的初衷是尽可能快地为顾客提供服务，而无须让顾客下车走到他们的外卖柜台。他们四人一小组，负责跑来跑去接订单和刷信用卡，把热比萨从制作线上取下来，这样汽车能够快速通过离开，顾客们都很喜欢这个主意。每天，员工们都在记录自己能以多快的速度把热比萨交到即将到来的顾客手中，经理站在门外笑着用秒表给他们计时。大家想方设法提高服务速度，这里就变成了一场充满活力的竞赛场。

另一个想法来自另一名小组成员，他注意到他的房间里有一个洗衣槽，他可以把衣服倒在那里，他想：“为什么不制作一个比萨滑道呢？”这个想法是把比萨从厨房高速滑到停车场，这样就不需要跑进店里再跑回停车场了。但如何让它运作起来呢？最后，他们从狂欢节上弄来了一个长长的塑料滑水道，从厨房烤箱旁的窗口连接到停车点，这样，比萨盒很快就从店里直接滑到了停车场的滑道上，既为顾客节省了宝贵的时间，也减少了麻烦。现在，顾客可以提前发送他们的订单信息给店里，当他们到达的时候，他们的新鲜的热比萨就已经在路边等着他们了。

在小组的每一次碰头会上，成员们都针对正在进行的工作开展讨论，然后提出全新的试验方案，制订计划并实施计划。当事情成功时，他们就会几近疯狂地庆祝。顾客喜欢这个地方，总是期待着他们的下一次创新，这个独特的比萨特许经营店的发展前景在某种程度上已经变得不可预测。

经理提升顾客粘度的技巧非常简单，“本周我们能为我们的客户做哪些我们从未做过的事情呢？”这个问题激励了他的团队，激发了他们的思想，直击他们的内心深处，难怪员工离职率这么低！工作人员不只是喜欢在这里工作，他们热爱这个地方。经理对慷慨原则的应用非常简单：通过不断尝试新的和有创造性的方法来获得意想不到的惊喜，由此向人们表达关心。

■ 虚假的意外惊喜是什么样子

一个虚假的“意外惊喜”是给顾客提供他们已经有所期待的东西，例如中餐后的幸运饼干或者牙医送的牙线样品盒，顾客对这些“意外惊喜”并不感到惊讶和高兴。如果我们想通过慷慨原则来提升粘度，我们需要做得更好。当然，客户最不愿看到的就是花费令人不快的额外支出而收获的“意外惊喜”。

一位朋友分享了如下这个经历：

我走进一家自己动手制作（DIY）的复印店，准备打印一些我要做的演示文稿。复印机上方挂着一个牌子，写道：由于客户操作失误过多，今后我们将不再支付这些因操作失误产生的费用。**您只有一次免费犯错的机会，之后的失误将会被收取费用。**看到这句提示，我耸了耸肩，打开了复印机。

第一张复印本就印错了尺寸，我有些生气，于是，我把纸张大小调整好。我的第二次尝试还是因为纸张大小发生了错误，“好吧，我要为这件事付钱。”我想。我又“调整”了一遍，结果，我又尝试复印了7遍，我反复尝试调整纸张的大小，但复印出来都是错误的。

我恼怒地向服务员求助，她看了看复印机说：“是机器本身就设置错了。”她友好地帮我解决了这个问题。然而，在我去支付复印钱时，我惊讶地发现那位乐于助人的服务员收了我9份复印中的8份的钱。

“我记得你说过你的机器本身设置有问题。”我反驳道。

“对不起，”那位女人回答，显然她对我的指责感到不舒服。她抱歉地指了指挂在我头上的通知，“这是我们的规定，我想你应该尽早寻求帮助。”我摇了摇头，付了钱离开了。以每本10美分的价格，我也就支付了80美分。但是我心烦意乱地离开了那家店，当然之后再也没有去过。

这个复印中心的那个巨大的、带有威胁性的标志象征着一种“顾客请当心”的心态，与慷慨的心态正好相反。供应商应该尽可能确保客户永远不必为承担错误付出代价，但是，复印店非但没有让我们朋友有着愉快的体验，反而让他的体验变得不愉快。他们本来可以用80美分提升客户粘度——捡了芝麻，丢了西瓜。

我们再来看另外一个例子。我们的朋友弗雷德·赖克霍德因为交通阻塞，到达机场时比正常时间晚了一个小时。在还车中心他得到了令人不愉快的惊喜，他解释说：

我们多花了一个小时的时间，租车公司就向我们收取半天的额外费用。多收1小时的费用不是更合理吗？这还不算他们加收的近75美分的燃油费用。为我们办理登机手续的员工，显然对向我们收取这些不合理的费用感到尴尬。

公司可能会从一个不愉快的惊喜中赚钱（赖克霍德将这种收入称为“不良收益”），但它会让一线员工感到压力，还会把客户赶走。

■ 如何创造意外惊喜

首先，考虑如何取悦客户并付诸实践需要额外的精力。常见的借口：“我已经忙得不可开交了，没有时间去操心这些意外惊喜了。”幸运的是，我们不需要花费太多。做一些小事情让别人知道你重视他们所需要的额外付出，能够让你精力更为充沛，而不是让你疲惫不堪。一些简单的事情，比如记住客户的名字和上次拜访时分享的任何细节，都会给他们带来惊喜。个人手写的感谢信可以让别人知道你有多么重视他们，而且这也花费不了多少时间。

其次，有些组织制定了一些政策，阻止员工慷慨解囊。比如，上文提到的复印店和租车公司。试想一下这样的问题，一个员工需要被迫多少次在明知客户会失望、难过或生气的情况下还要向他们传达坏消息。要求员工执行不慷慨的政策既削弱客户粘度，也削弱了员工粘度。像透过显微镜观察一样，面对客户的员工可以近距离观察到客户存在的问题，并可以利用这个显微镜来识别出能够让客户体验变得更好的机会。

麦肯锡的研究人员指出：

与客户打交道仍然主要通过人与人之间的交流，要想与客户建立情感联系，没有捷径可走，它需要确保每一次互动都是为了给客户留下积极的体验。这需要的不仅仅是优秀的产品和服务——还需要积极性高涨的、被高度授权的一线员工。创建优秀的客户体验需要有一个敬业且充满活力的员工团队，一个可以将个人体验转化为让客户满意的点对点体验，并持续改进体验以保持竞争优势的团队。

换句话说，关注“改善客户体验旅程”是至关重要的。那么，我们如何激励和授权与客户打交道的员工改善与顾客的这种点对点体验呢？

答案非常简单：征求他们的意见。

■ 如何使用意外惊喜

这非常简单。

和你的团队一起集思广益，然后进行深思熟虑的实验，看看哪些是有效的。Enterprise租车公司的许多客户服务理念都是自下而上产生的，从大热天给顾客递上一瓶冰水，到上门接送顾客，无论他们在家、在公司还是在修车店里，都会提供接送服务。这些想法不是那些在公司大楼里上班的人凭空想出来的，它们来自授权的一线分公司员工和当地总经理。

他们正在探索新的方式，以使得顾客的租赁体验更简洁、更舒适。在数千家Enterprise租车公司的分支机构中盛行着一种“达尔文主义”——变异和选择。员工会尝试不同的方式来提高客户体验（变化），而那些有效的方式会引起其他部门的注意，并被他们采纳（选择）。

> 我们能为客户做些什么事情，这些事情是我们从未做过的，且能让他们的体验变得更好？我们如何才能超出客户的预期并向他们表达出我们有多么在乎他们？

要产生创意，就要考虑到那些可能会惹恼、给客户带来压力或浪费他们时间的事情。客户什么时候会犹豫或感到困惑？客户问了哪些他们本不应该问的问题？什么会让他们觉得备受重视，更受赏识？这些东西其实花不了多少钱，事实上，一些最好的创意并不需要任何成本。弗雷德·赖克霍德把用低成本取悦客户的方式称为“节俭的惊喜”。

对于成功的头脑风暴，在对话中应该会产生各种不同的观点。如果两个人意见相同，其中的一个就没有必要讲。所以，邀请你的整个团队，也许包括来自其他部门或担任不同角色的人加入进来，一定要包括那些经常与客户打交道的人。

需要注意的是：大多数头脑风暴会议都太过沉闷。要知道应该是风暴，而不是细雨。头脑风暴会议通常是一群人坐在一起，列出一些想法，然后逐一讨论。如果没有瞬间产出的自由的想法，这样的头脑风暴会议是没有什么意义的。以下是一些指导方针，可以确保头脑风暴会议足够刺激和有趣，从而激发出更多提升人际粘度的想法：

- 在图表或白板上快速写下想法。
- 不要在这个阶段对这些想法进行评判，只需要快速地记录下来。
- 向小组成员征求更多的想法，追求数量，而不是质量。
- 保持精力充沛，确保没有人处于放松状态，试着站立起来而不要坐着。鼓励大胆的想法，并将其付诸实践。
- 如果思路进展开始变慢，试着提出以下问题：

· 我们的客户希望我们为他们做的真正工作是什么？

· 让我们仔细捋一捋我们的客户和我们做的每一件事，我们在哪些环节可以让他们的“体验旅程”变得更轻松、更舒适？

· 怎样才能确保我们所有的客户都爱我们？

· 我们在哪些方面做得没有竞争对手好？我们能做些什么来缩小我们之间的差距？

· 假设我们的客户可以完全自助服务，我们能做些什么来帮助他们？

· 如果我们能读懂客户的想法，他们会怎么看待我们？我们应该做哪些改变？

· 我们自己也是客户，如果我们自己与咱们的团队打交道，我们会有什么样的体验？

最重要的是，一定要玩得开心。在短短5分钟内，一个团队就可以抛出许多想法。虽然有些可能行不通，但有些还是可行的，有些可能非常棒。头脑风暴的好处远不止会产生这些想法。团队成员感到被倾听、被重视、被联系、被团结，他们觉得自己参与其中——这也是要解决的问题之一。此外，如果团队成员事先了解将定期举办此类的头脑风暴会议，他们也会提前做准备。团队成员可以通过以下方式为这些讨论做准备：

- 倾听客户，发现他们真正想做的工作。
- 跟进客户，询问我们仍需改进的地方。
- 翻阅客户调查结果和在线客户评论。
- 研究思路，我们的同行公司是如何吸引忠实客户的呢？和我们差异很大的公司又是如何吸引高粘度客户的呢？
- 识别一切令客户不安的“意外惊喜”，我们怎样才能避免它们呢？
- 寻找方法简化客户体验，让他们的体验更简捷。

一旦快速而激烈的头脑风暴会议结束，请团队成员到白板或活动挂图上写下他们的想法，并让他们标记出自己最喜欢的三个想法。如果有人担心“投票欺诈”，可以让每个人用不同的颜色进行标记。他们可以把所有的三张选票投在一个想法上，或者把三张选票分散在三个不同的想法上。在评估要实施哪些想法时，一定要看此解决方案是否能够让顾客的生活更为轻松，这就是我们看到的在比萨店发挥到极致的实施效果。

然后将获得投票数最多的想法分成两组：团队现在就可以实施的

想法，以及在实施之前需要管理层参与的想法（例如政策或定价的变化、晋升、系统改进、新的投资等）。

如下示例是一些你的团队现在可能实施的想法：

- 发送个人手写的感谢信。
- 记住客户的名字，在他们生日时发短信或发电子邮件表示祝福。
- 用一个便宜的小礼物来对别人表示欢迎——也许是一块饼干，一朵花，一瓶冷水，甚至一杯水。

有些酒店客户要求晚些时候退房，但不想为房间多付钱，如果拒绝他们的请求，会让他们失望，一个酒店团队对此事比较担心。前台的工作人员逐渐发现，有些客人想晚一点退房的原因是他们想完成手头的工作："如果你不介意我问一下，先生，您为什么推迟到下午2点退房？或许我们可以做些什么来满足您的需要？"有时客人需要一个安静的地方参加一个重要的电话会议。有时候，他们想在离开酒店前到健身中心锻炼，但需要一个能够淋浴和更换衣物的地方。前台可以在客户退房后向他们提供一个安静的房间打电话或者去健身中心的更衣室更衣，这样就可以满足客人的需求。

这些都是"节俭的惊喜"——这些小东西虽然不贵，但能让顾客开心，尤其是当向他们表现出同理心、责任心以及慷慨的时候。他们会轻易取得成功，并能够巩固关系。即使是花费极少的额外惊喜（比如房间服务员留在客房的更换牙膏），也要考虑到把钱花在刀刃上，以帮助你培养更多的推广者。

毫无疑问，你的团队会提出需要管理层参与的想法。迪士尼以令人兴奋的壮观景象而闻名，但迪士尼商店曾经一度只是一个普通的零售商店。孩子们非常喜欢里面出售的产品，但是商店本身却没有什么特别。最近，迪士尼重新设计了商店，装扮了“精灵尘迹”和“魔镜”，打造了“孩子一天中最美好的30分钟”。

再来想想你的团队或组织，商店或办公室——有什么有趣的东西吗？看看你周围环境。看看你的网络形象。询问团队成员的意见，你可以做些什么来让它对顾客更有吸引力，给顾客带来更多的“体验”呢？你们顾客的“精灵尘迹”或“魔镜”又是什么呢？

无论是竞技者（Athleta）提供的免费健身和有氧运动课程、露露柠檬（Lululemon）的瑜伽课程、西好莱坞（Nordstrom）的个人造型和美容服务，还是在多伦多的弗兰克和橡树（Frank and Oak）可以享受到的浓缩咖啡和理发服务，许多实体店都在从推动交易向建立关系转变。换句话说，那些与时俱进的公司正在为他们的客户创造一种建立忠诚的体验。

开展深思熟虑的试验，以验证哪些想法是有效的。从你的团队现在可以实施的想法列表中，挑选出一个想法并进行试验。建立粘度思维的组织会不断尝试用新的方法向客户表明他们是备受重视，备受欣赏的。

几年前，一家餐馆做了一项实验，想知道赠品是否会对顾客购物产生影响。有一天，他们用“谢谢你的光临”来迎接顾客，并向他们提供一杯免费的酸奶或者一个小的钥匙链。第二天没有人打招呼，也不再赠送礼物。连续几个星期，他们都保持着这种交替的习惯。最后，研究人员发现，问候和礼物的组合对顾客的花费金额有很大影响：高达46.4%！换句话说，那些收到了意外惊喜的顾客——无论是一杯酸奶还是钥匙扣——比没有得到这些惊喜的顾客多花了近一半的钱。此外，获得小礼品的顾客在网上对这家餐馆的评价也要好得多。

主持这项研究的人得出的结论：

零售商应该对进入他们商店的顾客表示欢迎，如果可能的话，还应该提供一件小礼物。

当然，这并不一定非得是一份礼物或免费赠品，意想不到的额外惊喜可能只是能够激发客户的热情，或减轻客户压力以及减少他们烦恼的时间和精力。引用参议员鲍勃·克里（Bob Kerrey）的观点：

意想不到的善举，是造成人类变化中最强大、最便宜、最容易被低估的因素。

下面，还有一些其他的例子：

• 在威斯康星州梅库恩的一家王牌（Ace）五金店里，员工们热情地迎接你，他们知道你的名字，他们会帮助你完成任何项目。他们不仅会把烤架或者吹雪机卖给你，还会给你把货送到，并组装起来。

- 在Chick Fil-A餐厅，餐厅经理会在每一张桌子旁停下来，问顾客是否需要填饮料。如果是在其他快餐连锁店，这种情况发生在你身上的频率是多少？
- 在西南航空（Southwest Airlines），空乘人员有时采用讲笑话或说唱的方式发布安全通告，还会与乘客分享他们的音乐或喜剧。
- 博士（Bose）公司发布了一系列简短的视频来回答客户关于扬声器的常见问题，从而为客户和他们自己节省了大量的时间并避免了不必要的麻烦。

意想不到的额外惊喜不必那么复杂，也不必昂贵。像比萨溜槽这样有趣的创意，或者像热天喝一瓶冷水这样简单的想法，随着时间的推移，会带来很大的不同。企业家精神研究专家斯科特·格伯（Scott Gerber）指出：

> 在这个竞争如此激烈的市场上，从手写便条到刚刚出炉的饼干，一个简单的动作就能大大提升顾客粘度。哪怕只是打个简短的电话，也比任何优惠券或折扣码更能赢得客户的长期信任。

所以，不妨尝试一下你的团队感兴趣的想法。首先在小范围内试行，通过查看运行结果，可以将风险降到最低。然后当一个想法成功时，可以疯狂地庆祝。我们的同事吉尔·彼得森（Jill Peterson）和我们分享了如下这个故事：

当我去洛杉矶国际机场时，我通常不喜欢租车。然而，在我上次飞到那里的时候，我想尝试一下Enterprise租车，令我惊讶的是，这是一次意想不到的愉快经历。我们进去的时候队伍排得非常长，但是他们提供服务的速度非常快，很快我就被拉去外面选择我想要租的车。

选车助理和我一起在车边转来转去，以确保车的状况良好，她面带愉悦地问了我一些租车时常被问到的问题。这时，出现了一个非常意想不到的闪光时刻：我正要进入驾驶座时，她说："这是我的名片，如果你对这车有任何问题，我的手机号码在这里，你可以给我打电话或发短信，我会确保你得到照顾。"什么？她给了我她的个人手机号码，以防我的租车有问题！

我被震惊到了，如果车子在洛杉矶出现了问题我需要联系她吗？不需要。但这个小小的举动确实让我很安心，如果出现了什么差错，我能够获得帮助。

我们不知道这种向租车人发放个人名片的做法，是否只是分公司开展的一个小规模的实验，还是一个全新的全连锁客户服务计划。无论如何，这毋庸置疑是一个慷慨的、意想不到的惊喜，可能会创造出更多的推动者。

■ 领导者实践——意外惊喜

就像所有的粘度思维实践一样，作为领导者，我们必须塑造出我们希望从他人身上看到的行为，我们表现出来的慷慨直接影响到我们的员工如何对待我们的客户。同事们通过他们的领导的行为来了解什么是规范，在组织中什么是最具价值的。同样，领导者创造文化，给你的团队成员一个意想不到的惊喜吧——可能是免费的，也可能是低成本的。送上生日贺卡，分享面包圈，或者送上一张小额的礼品卡。当员工通过做了一些事情来创造一个客户推广者时，都是值得庆祝的。

定期与你的团队进行头脑风暴，并将其排在首位。培养多样化的观点，鼓励参与，让你的团队相信所有的想法都是受欢迎的。不要害怕尝试，贯彻实施最好的想法，然后不断迭代改进。如果一个想法成功了，那就疯狂地庆祝吧。

信任并授权你的团队成员去决定什么时候给客户一个“意想不到的额外惊喜”。考虑为员工提供他们可以自行决定使用的资源，帮助他们提升客户粘度。丽思卡尔顿酒店（Ritz-Catlton）给每位员工2000美元的自由支配额度用于让顾客满意，这是一个极端的例子，但这一政策完全符合他们的哲学：

在丽思卡尔顿酒店，我们是服务女士和先生的女士和先生。

你的员工有时会犯错误吧？

那是自然，但是把这些都作为学习的过程，并指导你的团队下次如何做出更好的选择。

最后，检查一下你的政策，确保他们不会创造一个能够带来“不良收益”的系统——75美元的汽车油箱改装费，在加油站却只需要20美元。我们绝不希望我们的团队成员处于一种不幸的境地，因为他们不得不面对一个令双方都感到不满的政策。如果你在提升客户粘度方面的工作被一些不慷慨的政策所阻碍，那么就有责任让你的高层领导注意到这一点，并帮助他们找到更好的方法。

碰头会10——意外惊喜

尝试用新颖的和有创意的方式来表达我们的关心。

1. 赞扬

赞美那些分享见解帮助团队成员的人。

2. 学习

（1）我们什么时候对意外的收获感到惊喜？

（2）我们做了哪些事情来取悦客户？

（3）我们能想出提供哪些额外的东西来让客户惊喜？

（4）我们怎样才能让客户的生活更轻松、更有趣呢？

3. 承诺

挖掘一些新奇的东西给客户制造惊喜。

4. 安排后续会议

确定第十一次碰头会的日期/具体时间，以及由谁来主持。

PART FIVE

第五部分

粘度思维者

你今天播了什么样的财富种子？你留下的财富是你留给人们的记忆，是你在努力提升粘度思维的过程中每天感到的满足。考虑一下你已经为你的客户和同事创造的财富，他们会不会对你与他们建立人际关系、倾听他们、关心他们、给予他们真正需要的帮助而有着美好的回忆？

第11章　粘度思维者

遗产是献给未来的礼物，也是留给现在的礼物。它是你的灵魂所在——你是什么样的人，它是你待人接物的方式，以及你对周围世界的贡献。

——芭芭拉·格林斯潘·沙曼

总有一天，你会离开现在的工作。你希望别人以怎样的方式记住你？你希望别人怎么评价你？你给那里带来了哪些不同？换句话说，你想留下什么样的粘度思维财富？

一名产科的护士在一家咖啡店里排队，这时，一名妇女拉着一个小孩走近了她，女人对她说："我钱包里有你的照片。"

"我的照片？"护士惊讶地问。

"五年前，我的儿子早产了，你是他在刚出生时所待的ICU里的护士。"她抱起小男孩继续说，"你救了我儿子的命，我会永远感激你的。"

这时，那位妇女给护士看了一张她和孩子在一起拍的破旧照片，两个女人都落泪了。护士回想起这段经历，感叹道：

我们从来都无法预料我们对人们的影响力有多大，这是我每天每一次互动都会想到的事情，一个温暖、真诚的问候或微笑可能会给电梯里刚刚得知自己的最终诊断的人留下持久的印象。花点时间和一个仅需要听众的员工坐在一起，这可能会帮助他解决一个严重的个人问题。向一位同事就她的儿子在学校取得的成绩表示祝贺，可能会让她的一天变得更美好。这些时刻定义了我们作为粘度思维者应该扮演什么样的角色，这些都是我们留下财富的种子。

你今天播了什么样的财富种子？你留下的财富是你留给人们的

记忆，是你在努力建立粘度思维的过程中每天感到的满足。考虑一下你已经为你的客户和同事创造的财富，他们会不会对你与他们建立人际关系、倾听他们、关心他们、给予他们真正需要的帮助而有着美好的回忆？

遗产有三种：非粘度思维遗产、伪粘度思维遗产和粘度思维遗产。

正如我们所见，非粘度思维是因为对他人的需求漠不关心，不予理睬，或者更糟的是，不诚实地对待他人造成的。但它也可能源于选错了优先顺序：不强调粘度思维，把太多精力放在其他地方，或者以牺牲为他人做正确的事情为代价盲目地坚持规则。

伪粘度思维遗产看起来像同理心，但这只是一个假象。这看起来像责任心，但这只是口头服务，而不是真正的服务。看起来很慷慨，但实际上是自私的。你是否经历过这样的事情，客户服务做得很好，但是就在你要离开这个地方的时候，助理跟你说了类似这样的话："你会收到一份调查报告，如果你能给我打最高分那真是太感谢了。"这听起来似乎是在"亵渎"这些调查，这也让我们不禁怀疑员工的行为到底是真的还是假的。这位助理真的在乎我吗？还是只是为了得到高分？

正如商业研究员兼作家格伦·略皮斯（Glenn Llopis）所认为的那样，若想赢得真正的人际粘度：

> 你必须知道你是谁，你作为个人和领导者所代表的是什么，影响

你的领导方式、行为和态度的价值观和信念是什么。换句话说，关键是定义好你是谁。这是关乎你相信并真正实践的原则。

别人对你有什么期望？这些原则应该代表你恪守的思想和理想。

因此，我们面临的挑战是采取粘度思维者的思维，并从同理心、责任感和慷慨的源泉中汲取经验。睿智的作家大卫·布鲁克斯（David Brooks）说过：

几乎每个月，我都会遇到一个身上散发着内在光芒的人。这些人从事的职业不同，他们看起来非常好。他们善于倾听，他们让你觉得自己备受重视。你经常看到他们照顾别人，并且当他们这样做的时候，他们的笑声如同音律般美妙，他们在举手投足间都充满了感激之情。他们不会去想他们正在做的工作有多伟大，他们根本不考虑自己。

每当我遇到这样的人，我的一整天都充满了阳光。但我承认，我经常萌生一种更悲伤的想法：我的职业等级不低，但是我似乎也没有达到这样的水平。

和大卫·布鲁克斯一样，我们大多数人距离“散发着内在光芒”还有很长的路要走。但这并不会让我们气馁，反而可以让我们做得更好。我们可以更好地倾听，我们可以让别人感到更有价值。当我们这样做的时候，我们就成为了粘度思维者的榜样。

因此，你是谁呢？

你是：

- 一个能散发出内在光芒的人——一个内心善良，善于倾听，能够让他人感到被重视的人？
- 那个返回去为心脏病发作的人割草坪的消防队员？
- 为听力受损的客户制作手语视频的汽车玻璃修理工？
- 销售人员——不仅是向一个年轻的求职者推销领带，还要向他传授如何得到这份工作？
- 帮助病人克服自怨自艾的癌症病房护士？

如果是这样的话，你就会产生一种只有通过提供精心服务后才能得到的忠诚——我们在本书中将你称为“粘度思维者”。那些在内部和外部的各种客户关系中建立粘度思维的人，他们的优先级是非常明确的。还记得我们在前言中提到的甲骨文（Oracle）的研究吗？当被问及是什么让一次体验令人难忘，并且因为这次体验消费者会坚持这个品牌时，73%的受访者提到了他们与员工打交道的经历，激发人际粘度的因素主要集中在内在的情感。

著名心理学家丹尼尔·戈尔曼（Daniel Goleman）指出：

最成功的服务代表有足够的情感来评估客户的情绪，他们与客户感同身受，并保持着情感上的亲近感，以调整他们对客户情感需求的理解，并为客户的需求寻找最好的产品或服务。

员工敬业也需要发自内心，但在太多的工作场所，是找不到真心的。员工对他们的雇主几乎没有任何忠诚可言，他们对自己的工作几乎没有情感上的投入。当被问及西南航空公司非同寻常的成功记录时，赫伯·凯莱赫（Herb Kelleher）表示："这是因为他们总是把员工当作顾客对待。"他称他们为自己的"内部客户"。"当你合理对待他们时，他们也会合理对待你的外部客户。"这就是我们强大的竞争武器。

Enterprise租车公司的创始人杰克·泰勒（Jack Taylor）也有同样的想法。桑迪分享道：

> 杰克在走访Enterprise租车公司的各分公司时，经常会问他们是否开心。"杰克，你为什么不问问他们的客服成绩或销售额呢？"他解释说："因为在Sport（杰克对我和公司其他人的友好称呼），如果他们过得不开心，其他什么都不重要！"

在这本书中，我们一直强调，高粘度员工会带来高粘度客户。那么，你如何赢得员工的心，让他们去赢得客户的心呢？

通过树立榜样，传授并强化我们在这本书中所学到的东西，这是你想充分实践粘度思维需要做的最重要的事情，而且花费极少的成本就可以实现。有了我们提供的粘度思维原则和方法，你就可以拥有粘度思维财富。

这就是我们投入这么多来培训人们落实各种原则和方法来建立粘度思维的原因。我们尊贵的客户、格林内尔共同保险公司（Grinnell Mutual Insurance）人力开发总监辛蒂·埃弗里（Cyndi Avery）表示，嵌入在“11个碰头会”里的培训“不仅是客户服务培训，也是对团队合作和领导力的培训，它甚至远不止于此。总地来说，这是关于做一个好人的培训”。

也许，你从这本书中得到的最有价值的实践方法就是粘度思维碰头会。

如果你经常举行基于同理心、责任心和慷慨这三个核心粘度思维原则的碰头会，就会逐渐发现你的团队在发生巨大的变化。当你完成了所有的11次碰头会后，可以重新开始再开展一轮，确保整个团队不断接受培训，使粘度思维原则和实践成为第二天性。你举办的碰头会越多，就越能够得到更深入的讨论和更强的行动力。正如赛斯·高汀（Seth Godin）所言：

这才是真正的影响所在：召集一群想要一起改变的人。组织他们，然后教导他们，领导他们。

从现在做起，基于同理心、责任心和慷慨的粘度思维将在你的头脑开始形成。然后，当你每天生活在这些原则之中时，就会教导别人如何在他们心中遵循这些原则。这样一来，员工们会以对待客户的方式对待彼此。戴夫·乌尔里奇（Dave Ulrich）教授认为，“己所不欲，勿施于人”这句老话在今天有着极其重要的意义：

尊重他人的领导会看到尊重在整个组织中得到扩散，领导者必须成为他人尊重和效仿的榜样。

无论你在服务的道路上身处何地，你都是此时此刻粘度思维者的典范，你正在为你的粘度思维财富播下种子。那么，让我们从几个基本的挑战开始做起：

- 你将如何影响你的团队来举行粘度思维碰头会？
- 你的第一次碰头会是什么时候举办的？
- 你多长时间举办一次碰头会？每周？两周一次？还是每天？
- 你将在哪里举行碰头会？
- 你培训员工的最佳时机是什么时候？

好的。你制订好了计划，现在就可以开始行动了。

碰头会11——粘度思维者

你希望别人怎样记住你？

1. 赞扬

赞扬那些能够想出让顾客开心的好主意的人。

2. 学习

（1）我们希望别人怎样记住我们？

（2）为什么我们需要遵循粘度思维的三个核心原则？

（3）谁是留下粘度思维财富的典范？

3. 承诺

写下你希望别人记住你的方式。

4. 安排后续会议

确定第一次碰头会的日期/具体时间，以及由谁来主持。

第12章　提升粘度思维的四条执行原则

在本书中，我们分享了建立粘度思维所必备的思路以及需要遵循的原则，并说明了它们是如何有效地服务于每一个与客户互动的人，无论是在组织内部还是外部，这些思维和原则都是适用的。我们还发现，提升粘度思维的责任与头衔、职位无关；通常，那些对粘度思维影响最大的人，恰恰是权威最小的人。

我们也认识到，许多执行粘度思维原则和实践的人是一线团队的领导者，也可能是其他领导者的领导。对你来说，重点不仅仅是执行这些原则，而是要持续不断地改进它们。只有当你的团队能够将这些原则和实践转化为持久的习惯，才能实现提升粘度思维的长期目标。

创建这种团队习惯的框架是四条执行原则（4DX）。我们将参考四条执行原则，为你提供详细的执行计划，包括11个粘度思维碰头会，并向你介绍一个用于捕获和评估你的进展情况的工具——四条执行原则操作系统（4DX OS）。我们的经验是，这种由技术支持的方法论能够创造持久变化所必需的可见性和责任性。当粘度思维习惯与粘度思维原则和实践一起使用时，你和你的团队将拥有一个经过验证的系统，就可以创建始终如一又可持续发展的粘度思维。

■ 原则 1：聚焦最重要目标

原则1是关注原则。最重要的目标（Wildly Important Goal，WIG）显而易见：提升粘度思维。但真正的专注需要你更进一步，不仅要弄清你想要创建什么，还要弄清你想要创建的水平，以及你想要达到那个水平的时间。如果没有这种清晰的思路，你的团队将很难完全参与进来。想象一下，在一场没有明确界限的比赛中，即使你喜欢跑步，你也不会跑得太远，直到你意识到你少做了一件重要的事情：对胜利的定义。当目标不明确时，团队也是如此。无论你的团队多么相信粘度思维的价值，你们的表现只有在追求一场能够胜利的比赛时才能发挥到最好。

回答以下问题，将有助你培养专注水平：

- 你需要衡量什么？
- 你的起跑线在哪里？
- 你的终点线在哪里？
- 你的最后期限是什么时候？

你需要衡量什么

我们有衡量客户粘度的可靠系统，这些系统的粘度得分显然是创建WIG的最佳选择。然而，重要的是要确保你使用的分数与你想要提升的粘度直接相关。例如，如果你的客户粘度系统测量客户体验的多个维度，比如产品质量、定价、对询价的回应以及创新的速度，那么总体得分可能会太过宽泛，一个更好的选择是只使用粘度思维的原则所对应的那些条目的得分。

如果组织中尚没有相应的客户粘度思维系统，你就需要选择一个合理的方法来评估你的客户目前的粘度状况。例如，你可以通过有针对性的调查或电话访谈从大量的客户样本中收集反馈，或者从以客户为中心的互联网或社交媒体收集帖子，或者甚至创建客户粘度小组与客户群进行直接沟通。无论你选择什么方法，需要记住一点：在你的团队参与过程中，能够衡量在提升粘度思维方面的进展是一个非常重要的环节。

你的起跑线在哪里

你的团队在创建粘度思维方面是否取得了成功，往往是以你从起跑线上的进步来衡量的。在现有系统中，通常只有即时的客户粘度评估得分。然而，如果系统还没有就绪，你可能需要进行据理推测（可以基于已取得的数据来进行推测），以确定当前创建的粘度级别，从而建立一个起点。不要过分担心推测级别的准确性——接下来，我们就会讨论最关键的数字。

你的终点线在哪里

这是你在当前阶段承诺要达到的粘度水平。需要注意的是，我们经常遇到这样的领导者，他们会设定远远超出团队所能达到的目标，但在私下里他们也承认，如果团队能完成目标的80%，他们就会感到满意，类似这样的做法可能会削弱参与积极性及实现结果的能力。

相对地，应该建立这样的一个目标，既能激励团队成员发挥才能，表现出最高水平，同时也保证这是现实可行的。换句话说，创造一种既值得也能赢得的WIG。

你的最后期限是什么时候

简言之，这就是你和你的团队成员达到目标的日期。借用四条执行原则的语言来说，我们把这些元素称为“从X到Y的时间”。借用这个架构，提升粘度思维的WIG应该可以简单明了 ：“到12月31日为止，将粘度思维从47提升到61。”

在你的WIG确定之后，你的团队就有了一个明确的目标——一个可以超越团队日常职责要求的目标。WIG就像一个指南针，提供能够提升粘度思维的明确的一致的方向，这是非常重要的。当你的WIG在4DX OS（四条执行原则操作系统）中被激活后，它可能看起来像这样 ：

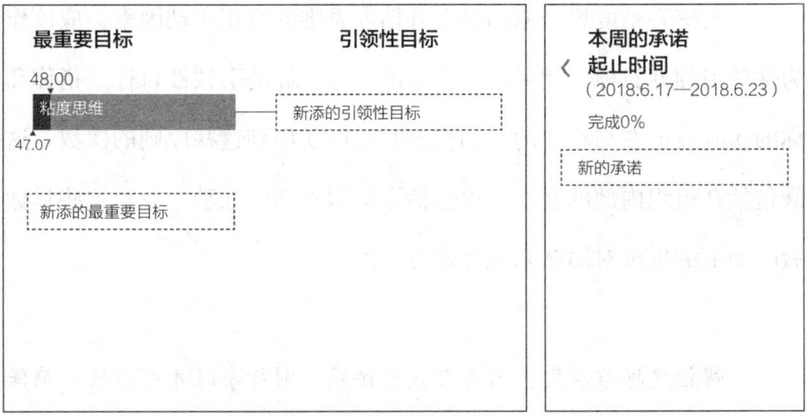

■ 原则 2：落实引领性目标

原则2是杠杆原则。当我们提到“杠杆”的时候，我们指的是将你的团队的精力投入到对粘度影响最大的特定行为上，首要目标度量只是对那些强大行为的“目标”。

三大核心粘度思维原则是提升粘度思维的真正驱动因素，应该作为你的引领性目标。用最简单的术语来说，你的引领性目标是指你和你的团队成员在与客户的互动交流时每周使用到这些原则的次数，这既包括在组织内部的互动，也包括在组织外部的互动。你对这些目标做的如下的推理对团队来说是强有力的：

理解粘度思维原则，只有在我们按照原则行事时才有价值，确保我们实现行动目标的最好方法就是每周都对自己进行测量。

我们建议你为这三个核心粘度思维原则分别创建一个引领性目标。请记住，在粘度思维碰头会2～4中，你会关注同理心，然后在碰头会5～7中关注责任心，最后在碰头会8～10中关注慷慨。

当你激活了引领性目标后，你的计分板可能会如下所示：

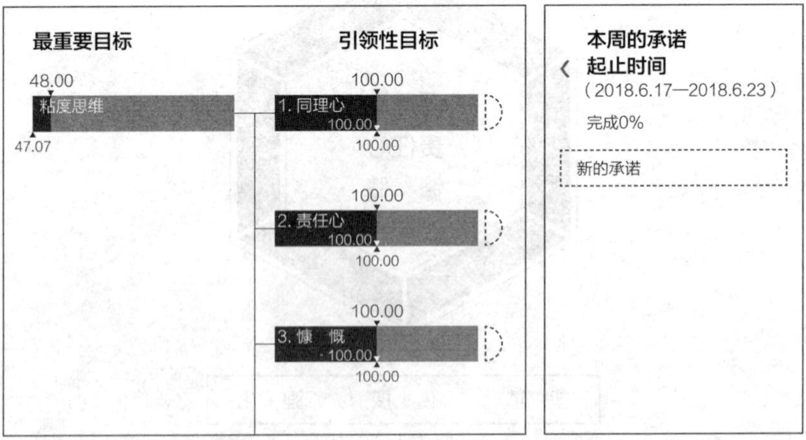

现在，你已经清晰地了解了最重要目标以及引领性目标，这些可以让你的团队成员明白他们需要在哪里发挥最大的能量，你已经回答了两个关于高绩效的最重要的问题：

- WIG（最重要目标）：我们努力实现的目标是什么？
- 引领性目标：我们将如何实现它？

我们相信，这个计划的简单性和清晰性代表了团队的能力的最新水平。

■ 原则 3：坚持激励性计分

原则3是参与原则。它超过了原则1和原则2的简单性和清晰性，取得阶段性成果，使你的团队能够接过接力棒，持续提升粘度思维。

许多领导者都会感到孤独，因为他们似乎是唯一真正致力于实现目标的人。事实上，领导力常常看起来像古代西西弗（Sisyphus）的故事——你把一块石头往山上推，结果却看到它滚下来，你知道你需要明天再做一遍，但是我想请你思考一个更为重要的问题：

为什么只有领导者在推动岩石？

如果你的整个团队能一起推石头呢？当团队成员觉得他们在玩一场属于他们的游戏时——他们参与就是为了取得胜利——就会发生这样的事情。

为了达到这个目的，4DX操作系统给你设置了一个计分板，用来让你把整个团队都调动起来。然而，请记住，原则3并不在于创建计分板本身，而在于保持计分板的吸引力。只有当团队成员将计分板视为胜利的指导系统时，你才能做到这一点。例如，假设你正在举行一个忠诚碰头会3：与你的团队建立真诚的人际关系。那么你本周的计分板应该是这样的：

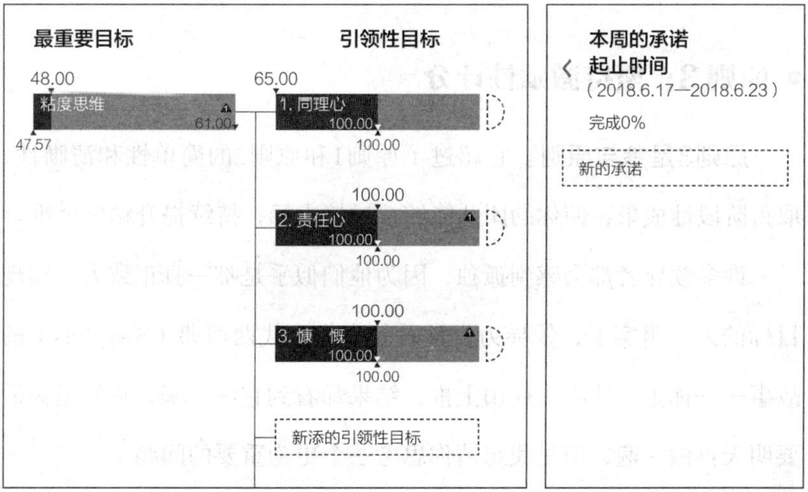

在小组讨论中，你会发现团队成员没有达到他们之前同意的互动数量。计分板直观地显示了不足之处，而颜色的分配（深色）让人感觉此事应尽快解决。作为一名领导者，你现在可以把所有精力集中在讨论为什么会发生这样的事情，而不是简单地向大家汇报现状。更重要的是，你可以让你的整个团队都参与到这个挑战中来，通力合作把深色变成浅色。

■ 原则4：建立问责制

原则4是问责原则。原则4是最为重要的原则。可以这样来理解：原则1、原则2和原则3是对游戏获胜的设计，而原则4是你应该如何玩这个游戏。如果不遵循此原则，总有一些更紧急的事情会吸引你的注意力，并阻止你对WIG采取一致的行动。我们把这种无休止的需求漩涡称为“旋风”，你和你的团队每天每时每刻都生活在这股旋风中。在旋风中，每个人都会同意粘度思维非常重要，每个人都有提升粘度思维的美好意愿，但它可能永远不会发生，至少不会达到你希望达到的水平。建立高粘度人际关系永远是重要的，但却不是紧急的。

原则4通过要求你和你的团队个人承诺每周都会开展推动提升得分的行动。通过承诺一些小的行动并坚持执行，你的团队将会提升得分，更重要的是，你们能够建立起对彼此更深层次的信任和尊重。当原则4成为一种永久的习惯时，你的团队不但能短时间内贯彻执行，而且在面对日常“旋风”的袭击时也能很好地执行。

在你的团队中建立这种原则的最佳时机是召开有影响力的粘度思维碰头会。大多数团队需要每周抽出大约15分钟的时间来举办一次碰头会，而在一些珍视注意力和精力的团队中，每天都会召开碰头会。多长时间召开一次碰头会，选择权在你，但最低限度是一周召开一次。如果时隔一个多星期后，让你的团队成员再次融入到提升粘度思维实践中，你可能会发现他们又身陷旋风，不可自拔了。

我们在第1章中就提到了粘度思维碰头会，让我们在此重述一遍：

1. 赞扬。花点时间去认可团队的表现以及他们取得的任何成功。如果有必要的话，突出赞扬团队中某个人在那一周的特殊贡献。

2. 学习。在一开始，这可能意味着学习粘度思维原则并讨论为什么原则和实践是重要的。一旦你的团队完全掌握了这些原则，学习的范围可以扩大到角色扮演来建立使用这一原则的技能，或者通过开展头脑风暴来了解团队的问题在哪里以及如何改进。

3. 承诺。在这一步，团队中的每一个成员都对自己在本周提升粘度思维的过程中所扮演的角色做出了承诺。作为领导者，这些承诺是对你做出的；但更重要的是，团队成员是向彼此做出的。这样，这些承诺就不再仅仅是为了工作——它们也变成了个人的事情。下一周，在这一步中还包括向团队成员报告他们是否遵守了承诺。这是建立责任心的一个重要方面。记住，团队的主要角色是执行引领性目标。因此，应该关注团队成员执行承诺的频率以及效果，以及他们为了提高绩效所做的任何其他事情。

4. 安排后续会议。最后这一项不仅需要确定下一次碰头会的日期、时间和地点，还包括分配任务，让团队成员在下周就不同的原则进行讨论。

4DX操作系统可以为把握粘度思维碰头会的节奏提供强大的支持。你在引领性目标上的出色表现，加上向着提升团队粘度思维的最重要目标的进展，让团队成员能够在获胜时庆祝胜利，也能帮助他们判断出他们的不足之处。但是标记承诺以及跟进后续行动的能力也具有同样的影响力。

让我们看一看计分板，当它包括承诺时，可呈现如下这个界面：

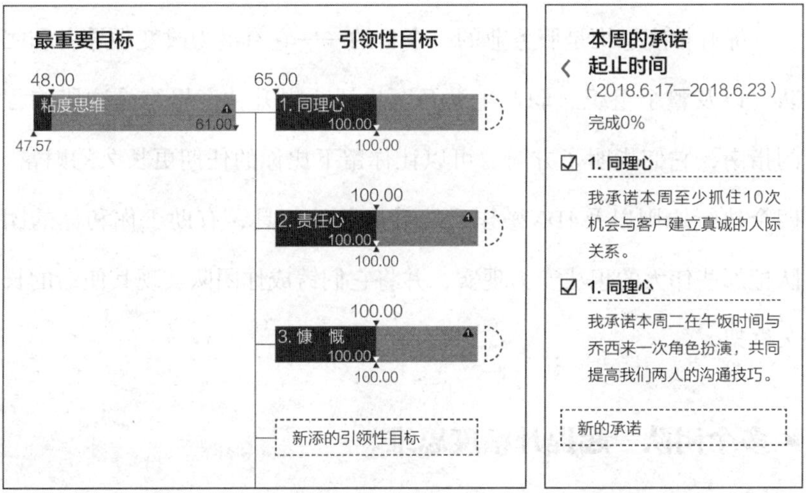

从上面的例子中可以看到，承诺（右侧）既包括引领性目标的实现，也包括提高团队成员的技能。当承诺期限结束时，此人会简单地核对完成情况。通过任何带有互联网浏览器的手提电脑、智能手机或平板电脑都可以实现实时更新，也可以通过4DX操作系统的移动应用APP来更新（与苹果系统和安卓系统都可以兼容）。

当所有的这些元素被激活后，4DX操作系统能够让你为提升粘度思维中最为关键的问题提供答案：

• 在与客户的日常互动中，我们有多少次始终如一地遵循粘度思维原则？

• 这些互动是否提升了客户反馈中反映出的粘度？

• 不管是否身处旋风中，我们是否履行了我们做过提升粘度的承诺？

提升粘度思维是服务业的一个目的——它有潜力改变领导者和团队，以及整个组织、职业生涯乃至生活。提升粘度思维是这段旅程的指南，它们指明了方向，可以让你留下比你的任期更长久的财富。四个执行原则以及4DX操作系统等简单的工具，有助于你和你的团队把那些伟大的想法变为现实，并将它们铸成你团队实现其使命的长久框架。

■ 多个团队一起提升粘度思维

到目前为止，我们已经有意地专注于使用四条执行原则以及4DX操作系统，在一个团队中提升粘度思维。然而，有必要从高层领导的角度来考虑，他们的职责可能是在一个联合工作中领导多个团队。

4DX操作系统专门为那些管理多个团队的高层领导提供了额外的功能，其中功能最强大的是执行计分板：

姓名（领导者姓名）	WIG	次级 WIG	引领性目标	不包括	遵守承诺	做出承诺	举行会议	可持续指数	承诺质量
东南团队1	43.24%		103.13%	□	100%	100%	100%	100%	14天（科里）
东南团队2	111.4%		102.72%	□	100%	100%	100%	100%	4天（肖恩）
东南地区	63.99%	10.95%		□	100%	100%	100%	100%	7天（科里）
东南质量控制	114.48%		100%	□	100%	100%	100%	100%	
东北团队1	97.49%		103.28%	□	100%	100%	100%	100%	4天（肖恩）
东北团队2	133.65%		1742.81%	□	100%	100%	100%	100%	14天（科里）
东北团队3	101.53%		96.36%	□	50%	100%	100%	83.33%	
东北地区	143.65%			□	92.31%	100%	100%	97.44%	
中西团队1	150.00%		162.50%	□	100%	100%	100%	100%	4天（肖恩）
中西团队2	156.64%		108.42%	□	87.5%	100%	100%	95.83%	7天（顿）
中西地区	96.12%	153.32%		□	89.47%	100%	100%	96.49%	7天（科里）
太平洋团队1	127.5%		113.13%	□	50%	100%	100%	83.33%	13天（顿）
太平洋团队2	148.56%		93.75%	□	100%	50%	100%	83.33%	4天（肖恩）
太平洋团队3	107.96%		106.88%	□	75%	100%	100%	91.67%	7天（克劳夫）
太平洋团队4	150.39%		137.50%	□	100%	100%	100%	100%	7天（克劳夫）
太平洋地区	111.81%			□	84%	90%	100%	91.33%	14天（顿）
ABC公司	-20.74%			□	93.75%	100%	100%	97.92%	
平均值	100.91%	67.9%	320.28%	□	91.83%	97.14%	100%	96.32%	8天

分值	颜色
6	
5	
4	
3	
2	
1	

通过以上这个报表，你可以监控各团队的进度。在上述的例子中，列出了对17个团队（每个团队一列）执行粘度思维原则和做法的所有主要内容的执行情况进行的评估，这些内容主要包括：

- 哪些团队成功地达到了他们的目标粘度（WIG），哪些团队进度比较落后。
- 哪些团队在使用四条执行原则（引领性目标），哪些团队没有达到目标级别。
- 哪些团队一直举行碰头会，哪些没有举行。
- 哪些团队在个人层面上做出承诺并贯彻执行了。
- 整体排名最高的团队，他们的表现应该得到认可。
- 排名最低的团队，他们可能需要额外的指导。

这些只是从这个高度可视化的粘度思维跟踪工具中可以获得的一些见解。只需单击每个单元格，你就可以更加深入地查看趋势信息、移动平均线、错过的碰头会的日期、未能遵守承诺的团队成员以及其他对同时指导多个团队来说至关重要的见解。我们的目的不仅仅是展示4DX操作系统，而是要向大家展示这些性能从高层领导者层面提升粘度思维是多么重要。

无论你是一线团队的领导者还是高层领导者，使用4DX工具和方法都可以帮助你实施这些原则，提升粘度思维，并帮助你在人生旅程中留下粘度思维财富。